Reise durch

DÄNEMARK

Bilder von
Tina und Horst Herzig

Texte von
Reinhard Ilg

Stürtz

Seite 10/11:
Badekultur wird in einem Land mit einer rund 7300 Kilometer langen Küste verständlicherweise groß- geschrieben. Während der warmen Sommermonate gehört ein Bad im nahe gelegenen Meer oft zum festen Tagesablauf. *Glücklich, wer solch ein Strandhäuschen wie auf Ærøskøbing sein Eigen nennen darf.*

Inhalt

Dänemark – das kleine große Land im Meer

Noch immer werden an einigen Stellen der rauen Nordseeküste die Fischerboote mit Hilfe von Winden und Traktoren an Land gezogen. Was dem Betrachter so unvergleichlich pittoresk erscheint, ist für die lokalen Strandfischer ein äußerst mühsames Geschäft.

Dänemark, ein ganz normales europäisches Land? Wohl kaum. Wenn kein Haus weiter als 55 Kilometer von der Küste entfernt ist, deren Gesamtlänge 7314 Kilometer beträgt, wenn die gerade mal 67 Kilometer lange Grenze mit Deutschland die einzige landfeste Grenze zum nächsten Nachbarn ist, wenn 5,5 Millionen Einwohner auf rund 100 von insgesamt 500 Inseln leben, dann nimmt man die Welt wohl auf seine eigene Art und Weise wahr. Und geht vielleicht ein wenig mehr seine eigenen Wege.

Seien wir ehrlich, dafür lieben wir sie doch, unsere nördlichen Nachbarn. Dafür, dass sie so wunderbar fünf gerade sein lassen können, dass ihr allgebräuchliches Du jede Form von Hierarchie blitzartig auf ein Normalmaß zurechtstutzt und sie das Prädikat »weltberühmt in Dänemark« augenzwinkernd zum Markenzeichen erkoren haben. Wir staunen über die Parallelwelten: Kopenhagen im Run auf Money und Trends im Gegensatz zu kleinsten Inselgemeinschaften, die gerade mal 60 Autominuten von der Millionenmetropole entfernt gemütlich im Takt der einzigen Fähre leben. Natürlich ist es schon ein bisschen gemein, wenn unsere Sandburgen über Nacht eingeebnet werden, bloß weil der Strand allen gehört, und dass Tempo achtzig auf schnurgeraden Landstraßen genügen muss, weil die Quote für tödliche Unfälle noch immer unter dem europäischen Durchschnitt liegt. Aber dafür trauen sich die Dänen mit ihrer gebremsten Europaleidenschaft dann wieder, scheinbar gottgegebene Brüsseler Entscheidungen in einer Form öffentlich zu diskutieren, die wir als annähernde Mustereuropäer höchstens zu denken wagen. Und selbst wenn wir die politische Haltung dieses »kleinen gallischen Dorfes« nicht immer nachvollziehen können, bewundern wir seine Bewohner im Stillen ja doch irgendwo für ihr streitbares Tun und Handeln.

Die streitbare Liebe zum Konsens

Dänemark ist keine Insel der Glückseligen, auch wenn der Kuchen vielleicht etwas gerechter verteilt ist als in anderen Ländern. In allen gesellschaftlichen Fragen wird zwischen Flensburg und Helsingør gestritten, dass die Fetzen fliegen. Und doch eint alle Kombattanten eine Sehnsucht nach dem Konsens, ohne den es bei

allen Meinungsverschiedenheiten selbst in der Politik am Ende nicht gehen soll. Wohl dem, der eine parlamentarisch-konstitutionelle Monarchie hat? Ganz sicher spielt die Regierungsform eine wichtige Rolle, deren wichtigste Eckpfeiler in Dänemark das demokratische Einkammerparlament, das Folketing, und das Erbkönigreich sind, das neben dem Staat Dänemark auch die teilautonomen Besitzungen Grönland und Färöer umfasst. Als jetzige Monarchin führt Margrethe II. seit 1972 mit glücklicher Hand das Zepter. Selbst wenn sie laut Verfassung nur repräsentative Aufgaben wahrnehmen muss, hat sie als Vorsitzende des Staatsrates alle Gesetze zu unterschreiben und bei Regierungswechseln denjenigen Kandidaten mit der Regierungsbildung zu beauftragen, der die größten Chancen hat, nicht abgewählt zu werden. Denn so geht's in Dänemark in der Regel: Nicht, wer die eigene Mehrheit hat, regiert, sondern derjenige, der keine Mehrheit gegen sich hat. Nicht einmal im ganzen 20. Jahrhundert besaß eine dänische Partei eine absolute Mehrheit, und die in der Regel acht bis zehn im Parlament vertretenen Parteien haben nicht selten über Jahre Minderheitsregierungen ermöglicht – deren Staatsminister in der Hoffnung auf eindeutigere Verhältnisse oft vor dem Ende der regulären Legislaturperiode Neuwahlen ansetzten.

Kopenhagen und die Provinz

Eigentlich ist das Prinzip ganz einfach: Was nicht Kopenhagen ist, ist Provinz. Der jahrhundertealte Zentralismus, der sich in dieser durchaus offiziellen Interpretation wiederfindet, gilt heute allerdings nur noch auf dem Papier, obwohl Groß-Kopenhagen mit rund einem Viertel der dänischen Gesamtbevölkerung unbestritten weiterhin Wirtschafts- und Kulturstandort Nr. 1 im Lande ist. War seit Anfang der 1990er-Jahre ohnehin schon eine Bewegung aus der Hauptstadt Richtung Fünen und Jütland erkennbar, hat die Eröffnung der Straßenbrücke über den Großen Belt und des Eisenbahntunnels diese Entwicklung noch einmal beschleunigt. Profitiert haben davon vor allem die übrigen urbanen Zentren Dänemarks, Århus, Odense, Aalborg und Dänemarks größte Hafenstadt Esbjerg, aber auch viele kleinere Städte Jütlands. Benötigte man früher rund viereinhalb Stunden, um von Kopenhagen an die Ostküste Jütlands zu gelangen, ist das wirtschaftliche Kraftzentrum im Dreieck Kolding-Fredericia-Middelfart heute in knapp zwei Stunden zu erreichen – schnell genug, um Firmen eine Alternative zum exorbitanten Preisniveau Kopenhagens bieten zu können. Wer sich nicht nur auf »Det Kongelige«, das königliche Theater Kopenhagens, kapriziert, findet im ganzen Land ein ebenso verblüffend dichtes wie anspruchsvolles Kulturangebot vor. Kunstliebhaber aus ganz Europa entdecken die zahlreichen Museen für moderne Kunst – allen voran den ARoS-Kunsttempel in Århus –, die unter anderem in Kolding, Silkeborg, Herning und Aalborg zu finden sind. In allen nimmt der Jüte Asger Jorn, ehemals Dänemarks führender Kopf der internationalen CoBrA-Gruppe (Abkürzung für Copenhagen, Brüssel, Amsterdam), die in der Nachkriegszeit die künstlerische Avantgarde bildete, eine Sonderstellung ein. Wie andere dänische CoBrA-Mitglieder auch, ließ er sich durch die Ornamentik der Wikingerzeit, Steinreliefs der Romanik und Kalkmalereien des Mittelalters zu experimenteller Malerei inspirieren. Als eine der herausragendsten Arbeiten gelten die Mosaiken und Malereien im Dom von Ribe, der ältesten Stadt Dänemarks. Die zwischen 1982 und 1987 von Carl-Henning Pedersen geschaffenen Arbeiten waren anfänglich umso umstrittener, als Pedersen bekennender Atheist ist – heute gelten die über die Landesgrenzen hinaus bekannten Kunstwerke dänisch-pragmatisch als Ausdruck für die »Begeisterung eines Suchenden für die göttliche Natur«.

Ein interessantes Beispiel für erfolgreiche selbstständige Kulturpolitik in der Provinz ist die 57 000 Seelen-Gemeinde Holstebro im Westen Jütlands, vor 40 Jahren fast noch ein Außenposten der urbanen Zivilisation. Statt auf Investitionshilfen und günstigen Baugrund setzten die Stadtoberen zu Anfang der 1960er-Jahre ganz auf Kulturpolitik als Zugpferd zur Neuansiedlung – und das erfolgreich: Heute überrascht Holstebro seine Besucher zum Beispiel mit einem kleinen, aber feinen Kunstmuseum, einer Giacometti- und anderen Skulpturen in der Fußgängerzone und dem Odin Theater, einem der angesehensten freien Theater Europas. Darüber hinaus darf Holstebro die weltweit erste permanente Laserskulptur sein Eigen nennen. Den Weg in die geistige Unabhängigkeit von Kopenhagen hatten Ende des 19. Jahrhunderts schon die Skagenmaler angetreten. Die bis heute bekannteste dänische Künstlergruppe um Holger Drachmann, Peter Severin Krøyer und Michael Ancher verhalf der jütländischen Provinz zu unvorhersehbarer Popularität. Ihre Namen stehen heute wie keine anderen als

Synonym für das Licht des Nordens in der Malerei, und die kunsthistorische Vergangenheit prägt bis heute das Leben des früheren Fischerdorfchens Skagen: Der Blick des Malers auf Landschaft, Strände, Meer und die einfachen Menschen sorgt in der nördlichsten Gemeinde des Landes – eher untypisch für Dänemark – für einen ganzjährigen Besucherzuspruch.

Bildung für das Volk

Eines der herausragenden Merkmale der dänischen Gesellschaft ist ihr ausgeprägtes Denken in die Horizontale, die es für jede Art von Elite nicht immer leicht macht. Volkshochschulen, Volksuniversitäten, Volkstheater, ja die »Volksversammlung«, das Folketing, sprechen eine eindeutige Sprache. Ist im Deutschen alles, was sich um das »Volk« dreht, seit 1933 hochgradig belastet, ist man in Dänemark mit ganzem Herzen »folkelig«, einfach volksnah beziehungsweise volksverbunden. Vorkämpfer für ein volksnahes Gemeinwesen und Schlüsselfigur für das dänische System der »folkehøjskoler«, die in ihrer Struktur mit deutschen Volkshochschulen nichts gemein haben, ist Nikolai Frederik Severin Grundtvig (1783–1872). Der Dichter und Pfarrer hinterließ weit tiefere Spuren in der dänischen Gesellschaft als seine prominenten Zeitgenossen Søren Kirkegaard und Hans Christian Andersen. Zu Beginn des 19. Jahrhunderts, des sogenannten Goldenen Zeitalters, war das dänische Volk in zwei Welten gespalten, wobei die gebildete Minderheit des Bürger- und Beamtentums verächtlich auf die Landbevölkerung herabschaute. Im Sinne eines Aufklärers, inspiriert durch die Gedanken Rousseaus und Pestalozzis, verfolgte Grundtvig das Ziel, den bildungsbürgerlichen Schulen des Humanismus eine volksnahe »Schule für das Leben« entgegenzusetzen, um die unteren Bevölkerungsschichten aus ihrer gesellschaftlichen Passivität zu lösen. Nicht die kaum beherrschte Schriftsprache sollte deshalb im Mittelpunkt stehen, sondern »das lebendige Wort«, denn nur die fesselnde Rede habe Schöpferkraft und wirke belebend. Dänemarks große Vergangenheit war zwar nur noch in Sagen, Mythen und in der Poesie zugänglich, doch sollte die Beschäftigung mit der eigenen Geschichte die Menschen in die Lage versetzen, sich den Problemen der Gegenwart und Zukunft stellen zu können. Dabei war Grundtvig beileibe kein Revolutionär, ging es ihm doch um »Lebensaufhellung« (oplysning) und nicht um Erziehung (opdragelse). Mit der Gründung der ersten Folkehøjskole 1844 im südjütländischen Rødding begann der Siegeszug der abschlussfreien Bildungseinrichtungen, von denen heute noch immer rund 90 über das

ganze Land verteilt sind. Von Astrologie bis Zeichnen wird in Wochen-, Monats- oder Halbjahreskursen unterrichtet, wobei nie das Spezialwissen, sondern immer die Lebensbildung für das Gemeinwesen im Mittelpunkt steht. Grundtvig ist in Dänemark überall präsent: Mehr als 2 Millionen Exemplare des Gesangbuchs der Folkehøjskoler verteilen sich auf die allermeisten der dänischen Haushalte, in denen auch zu durchaus weltlichen Anlässen singend bekannt wird: »Tägliche Taten sind eines Helden würdig.«

Die Lust und Last mit den Nachbarn

Als Dänemark im Jahr 2001 als eines der letzten EU-Länder dem Schengener Abkommen beitrat und seine Grenzkontrollen abschaffte, kaufte die rechtsnationale Dänische Volkspartei den nun verwaisten dänisch-deutschen Grenzposten in Rudbøl, hisste dort den Dannebrog, die dänische Fahne, und bekundete lautstark ihren Unmut über den angeblichen Ausverkauf dänischer Interessen. Und sie konnte dabei sicher sein, selbst vielen der politischen Gegner aus dem Herzen gesprochen zu haben. Die Dänen, ein Club von Nationalgesinnten?

Ja. Und nein. Ja, wenn es darum geht, das eher egalitäre dänische Gesellschaftsmodell gegen die eher zentralistische Brüsseler »Konzernverwaltung« in Schutz zu nehmen. Kommt zum Beispiel die EU-weite Steuerharmonisierung, muss Dänemark seine 100-prozentige Luxussteuer auf Autos aufgeben, durch die große Teile des Sozialsystems finanziert werden. Ja, wenn es darum geht, dass der Immobilienmarkt des Landes für ausländische Käufer geöffnet wird – was vielen Dänen zukünftig die Möglichkeit zum Erwerb eigenen Grund und Bodens verwehren würde. Ja, wenn es darum geht, das Bekenntnis zur dänischen Gesellschaft und das Privileg, in einem wohlhabenden, aber dennoch sozialen Gemeinwesen leben zu können, mit einer wahren Flaggen- und Wimpelorgie zu dokumentieren.

Ein klares Nein, wenn es um das dänische Engagement in der Welt geht. Als sich die baltischen Länder die Unabhängigkeit von der Sowjetunion erkämpften, war ihnen Dänemark wirtschaftlich und politisch ein verlässlicher Partner. In den Krisenherden der Welt enga-

giert sich das kleine Königreich nicht nur mit militärischer Präsenz, sondern in mindestens gleichem Maße mit Entwicklungshilfe. Nein, wenn es um Spitzentechnologie und medizinische Forschung geht, bei der Dänemark eine führende Rolle in der Welt einnimmt.

Eine wechselvolle Geschichte und die geografische Nähe bringen es mit sich, dass besonders das politische Geschehen in Deutschland mit großem Interesse wahrgenommen wird. Dabei hat sich im Verhältnis zum großen Nachbarn im Süden ein verblüffender Richtungswechsel vollzogen: Nach Jahrzehnten erbitterten Ringens um die Vorherrschaft in Schleswig, deren trauriger Höhepunkt der Deutsch-dänische Krieg 1864 war, und noch Jahrzehnte nach den leidvollen Jahren der deutschen Besatzung im Zweiten Weltkrieg begegnete man in Dänemark vielen deutschen Einflüssen mit teilweise unverhohlener Skepsis. Der Fall der Mauer wurde wie in vielen anderen europäischen Ländern unweigerlich mit der Frage verbunden, ob der wieder vereinte große Nachbar ein verlässlicher Partner bleiben würde – und positiv beantwortet: Viele dänische Bauern engagierten sich bei der Privatisierung ehemaliger LPG-Betriebe in den neuen Bundesländern, und die neue Hauptstadt Berlin ist für viele kultur- und geschichtsinteressierte Dänen zu einem Reiseziel geworden: Keine andere Spitzenmetropole Europas liegt Dänemark so nahe, und durch das kontinuierlich enger werdende Fährennetz in der Ostsee sind heute selbst Tagesreisen zwischen Kopenhagen und Berlin beziehungsweise Hamburg möglich. Diese neue Offenheit und das Interesse an gesellschaftlichen Vorgängen in Deutschland spürt man als Reisender in Dänemark deutlich. Selbst Kleinigkeiten geben Zeichen: So suchte man vor noch gar nicht so langer Zeit in vielen dänischen Museen vergebens nach Erklärungen in deutscher Sprache, die heute mehr und mehr zur Regel werden.

Ein zunehmendes Kuriosum sind die jeweiligen Bevölkerungsminderheiten jenseits der heute ein wenig virtuell anmutenden Grenze: Lebt zwischen der Eider und Flensburg eine rund 30 000 Einwohner große dänische Volksgruppe, sind es etwas weniger Deutsche zwischen Flensburg und dem Kongeå, dem Königsfluss in Jütland. Seit Jahrzehnten gilt die Minderheitenpolitik beider Länder als vorbildlich in Europa, dennoch sind beide Seiten trotz der unaufhaltsamen europäischen Integrationsprozesse bemüht, ihre kulturellen Eigenarten demonstrativ zu verteidigen: Deutsche Schulen in Sønderjylland und dänische Schulen zwischen Westerland und Rendsburg stellen Eltern nicht selten vor die Entscheidung zwischen zwei

Nicht nur Kinder gehen im Legoland staunend durch die verblüffend perfekte Welt der kleinen bunten Steine. Längst ist aus der Miniaturwelt ein Erlebniszentrum geworden, in dem man ganze Tage verbringen kann.

Lebensstilen. Die Zeitungen der jeweiligen Minderheit, die »Flensborg Avis« und »Der Nordschleswiger«, beäugen wachsam das politische und kulturelle Geschehen der Region.

Nordische Zeitläufte

Zahllos und legendär sind die Zwistigkeiten zwischen den nordischen Bruderstaaten Dänemark, Schweden und Norwegen, die über Jahrhunderte durch enge historische Bande miteinander verbunden sind. So war Norwegen von 1397 bis 1814 Teil des dänischen Königreiches, die heute schwedischen Provinzen Skåne, Halland und Blekinge bildeten bis 1654 den Osten Dänemarks – sodass die Hauptstadt Kopenhagen in der Mitte und nicht wie heute an der Peripherie des Landes lag. Insbesondere die erste Hälfte des 17. Jahrhunderts in der Ägide Christians IV. war trotz teurer kriegerischer Auseinandersetzungen mit Schweden eine Zeit des Wohlstands, von der eindrucksvolle Hinterlassenschaften zeugen. Gebäude im Stil der niederländischen Renaissance wie die Börse und Schloss Rosenborg in Kopenhagen oder Schloss Frederiksborg in Hillerød lassen erahnen, welchen Reichtum der Øresundzoll in die Kassen des Monarchen spülte: Jedes Schiff, das in die Ostsee hinein oder hinaus wollte, musste im Hafen von Helsingør festmachen und seine Waren verzollen. Wer dies zu umgehen suchte, hatte die eindrucksvollen Kanonen der Festung Kronborg zu fürchten.

So groß wie die wirtschaftliche Dominanz war der kulturelle Einfluss auf die nordischen Besitzungen: Wer in Norwegen oder Island Pfarrer oder Lehrer werden wollte, kam nicht umhin, seine Studien in Kopenhagen zu treiben. Das kulturelle Zentrum Nordeuropas war das Bindeglied zur Mitte des Kontinents. Mit Dänemarks Niederlage in den napoleonischen Kriegen zu Beginn des 19. Jahrhunderts nahm die politische Landschaft in weiten Zügen die noch heute gültige Form an: In den Verhandlungen des Kieler Friedens verlor Dänemark Norwegen an Schweden, konnte sich aber durch einen Verhandlungstrick die ehemals norwegischen Besitzungen im Nordatlantik, die Färöer-Inseln, Island und Grönland sichern. Während Island infolge der englischen Besetzung im Zweiten Weltkrieg selbstständig wurde, sind die Färöer-Inseln und Grönland heute teilautonome Bestandteile des Königreichs Dänemark.

Das Wohlwollen, mit dem Dänemark nach dem Ende des Krieges seinen nordatlantischen Besitzungen begegnete, ist allerdings einem nicht spannungsfreien Diskurs über Subventionsmilliarden und den politischen Einfluss Kopenhagens gewichen. Als ein dauerhaftes Problem hat sich im Falle Grönlands schon vor Langem erwiesen, dass die Ungleichheit der ethnischen Kulturen und ihrer Lebenssysteme nur schwer zu überbrücken ist. Viele Jahre gehörten alkoholkranke Grönländer, die nicht selten ihr wirtschaftliches Heil in Dänemark gesucht hatten, zum Straßenbild der größeren dänischen Städte. Dänen, die einen der steuerlich begünstigten Arbeitsplätze in Grönland haben, leben oft jahrelang in einer Parallelwelt zur einheimischen Bevölkerung.

Die direkten nordischen Nachbarn einen heute eher geschwisterliche Bande, vor allem gegenüber Brüssel, auch wenn Dänen, Schweden und Norweger durchaus eigene Wege in ihrer Europapolitik gehen. Wie in jeder ordentlichen Familie gibt es natürlich jede Menge Animositäten und Befindlichkeiten – bei denen die Dänen im Schnitt am besten wegkommen. Ihre ungezwungene, im Grundsatz äußerst liberale Lebenseinstellung, ihr ausgeprägter Gemeinschaftssinn, der sich nicht zuletzt im Spaß an jeder Form des Feierns zeigt, machen die Dänen zu den Südeuropäern des Nordens. Und so trifft man auf seiner Dänemarkreise häufig auf Norweger und Schweden, deren weitaus reglementierteren Gemeinwesen vom dänischen Modell manchmal erstaunlich weit entfernt sind. Hier fragt niemand nach Schankrechten oder dem Alter beim Kauf von Bier, hier sind die Cafés, Kneipen und Restaurants oft bis spät in die Nacht geöffnet, und wer heute nicht kommt, kommt morgen.

Die dänische Welt der schönen Dinge

Sie zieren Tische und Schränke von Zürich bis New York, ihre formschöne Funktionalität ist Legende geworden: Gebrauchsgegenstände mit dem Siegel »Danish Design«. Ob Kaffeekanne, Korkenzieher oder Kochtopf – wer Sinn für die Schönheit einfacher, klarer Formen und ein bisschen Kleingeld hat, kommt um Designprodukte aus Dänemark kaum herum, die beileibe kein Modeprodukt, sondern das Ergebnis einer jahrhundertealten Designkultur sind. Schon 1775 entstand die königliche Porzellanmanufaktur, deren Produkte drei Wellenlinien zieren, die als Symbol für die drei Durchfahrtswasserwege in die Ostsee stehen: Lillebælt, Storebælt und Øresund. Mitte des 19. Jahrhunderts folgte Bing & Grøndahls Porzellanfabrik, die sich ebenfalls eines internationalen Renommees erfreuen kann. Auf ähnlich hohem Qualitäts-

*Rot wie Ochsenblut
leuchten die Fischerhütten
im Hafen von Skagen.
Frischer als hier kann man
die Früchte des Meeres
nicht bekommen. Und so
weicht die morgendliche
Beschaulichkeit schnell
dem lebhaften Andrang
der Feinschmecker.*

und Stilniveau bewegen sich die Arbeiten aus der Silberschmiede von Georg Jensen und der Holmegaard-Glashütte. Dass dänisches Design einen solchen Erfolg erzielen konnte, liegt nicht zuletzt daran, dass viele bekannte Künstler von den entsprechenden Unternehmen für eine Kooperation geworben werden konnten.

Von Kiefernholzorgien abgesehen hat auch dänische Möbelkunst internationale Anerkennung erlangt. Ihr Vater war der Leiter der Möbelschule der Kunstakademie, Kaare Klint (1888–1954). Seine Schüler verfeinerten seine grundlegenden Entwürfe zu Spitzenprodukten, viele Designtrends in der Möbelbranche nahmen in den Ausstellungen der Kopenhagener Tischlerinnung in den Jahren 1927 bis 1966 ihren Weg. Als Dänemarks bekanntester Möbeldesigner gilt bis heute Arne Jacobsen (1902–1971), dessen Stuhlkonstruktionen weltweit zu finden sind.

Eine Sonderstellung in der Welt der schönen Dinge nimmt das Lifestyle Design von Bang & Olufsen ein: Die Hi-Fi-Geräte der Luxusklasse aus der jütländischen Provinz um Struer sind bei Staatsbesuchen in Kopenhagen fester Bestandteil royaler Giveaways. Kaum ein Haushalt der oberen Zehntausend zwischen Moskau und New York, die das avancierte Design aus der früheren Radiofabrik missen wollen, kaum ein Museum für modernes Design, in dem nicht Stücke aus der dänischen Kleinstadt am Limfjord stehen.

Ihre vielleicht größte Auszeichnung hat sich die dänische Designwelt aber dadurch verdient, dass sie trotz eigenwilligster Kreationen nie die Bodenständigkeit verlassen und somit auch eine breite Käuferschicht jenseits der Luxusboutiquen angesprochen hat. Typisch dänisch eben.

Seite 22/23:
Die Kreidefelsen von Møn ganz im Osten gehören zu den herausragendsten Naturerscheinungen Dänemarks. Bei klarer Sicht kann man von ihren bis zu 128 Meter hohen Spitzen Südschweden und Rügen erblicken.

Seite 24/25:
Dass die Ostsee ein Binnenmeer ist, zeigt sich in Dänemark sehr deutlich: Viele ihrer Buchten und Uferlandschaften vermitteln eher den Eindruck von Binnenseen und sind ein stiller Kontrast zu den rauen Weiten der nur wenige Kilometer entfernten Nordsee.

Die ostdänischen Inseln – das historische Dänemark

Wonderful Copenhagen: Wer je dem so hartnäckigen wie falschen Vorurteil aufgesessen ist, Europas Norden sei langweilig, wird sich rings um die historische Hafenmeile Nyhavn eines Besseren belehren lassen müssen. Das Leben in den unzähligen Kneipen, Cafés und Restaurants ist legendär.

Sie liegen Deutschland so nahe und sind im Bewusstsein doch weiter entfernt als das jütländische Festland – die Inseln Lolland, Falster, Møn und Seeland mit der Hauptstadt Kopenhagen. Dabei lohnt sich der kurze Sprung über die Ostsee mit der Fähre von Puttgarden und Rostock allemal: Gepflegte Herrenhöfe, Schlösser und Parkanlagen zeigen jahrhundertealten Wohlstand und lassen sowohl Anziehungs- wie Ausstrahlungskraft der dänischen Metropole spüren, die vor dem Verlust von Skåne, Halland und Blekinge an Schweden im Zentrum des Landes lag. Und dies tut sie auf andere Weise heute wieder: Seit der Fertigstellung der Brücke über den Großen Belt im Westen und der festen Øresund-Querung zwischen Kopenhagen und Malmö sind die ostdänischen Inseln plötzlich landfest mit Resteuropa.

Spektakulär zeigen sich die Inseln nur ganz im Osten: Die bis zu 128 Meter hohen Kreidefelsen von Møn erlauben bei guter Sicht einen Blick bis Schweden und Rügen. Seine eher anmutige Schönheit verdankt Ostdänemark dem stillen, harmonischen Zusammenspiel der Fjorde, Kleininseln und Buchten mit dem sanft gewellten Land, dessen Alleen sich am Horizont verlieren. Kein Wunder, dass viele Kopenhagener die Sommerfrische gleich vor der Haustür verbringen, und »trendy« ist, was es immer schon war: traditionsreiche Badeorte wie Marielyst auf Falster oder Hornbæk und Gilleleje im Norden Seelands, die »seeländische Schweiz« von Odsherred und das verwunschen wirkende Møn.

Wer auf den Spuren der dänischen Geschichte wandeln will, wird unweigerlich auch am Roskildefjord landen: Die Dokumentation der reichen, vielschichtigen Wikingergeschichte Dänemarks anhand der in Roskilde zu bestaunenden Schiffsfunde ist ebenso eindrucksvoll wie die dortige Domkirche, in der seit Margrete I. (gestorben 1412) alle Königshäupter des Landes bestattet wurden.

Unten:

Nur wenige Schritte vom Hafen und Kongens Nytorv entfernt, dienen die vier baugleichen Palais von Schloss Amalienborg der dänischen Königsfamilie als hauptstädtisches Zuhause. In der Mitte des achteckigen Schlossplatzes schaut seit 1768 König Frederik V. nach dem Rechten.

Seite 28/29:

Vom Runden Turm an der Købmagergade hat man einen weiten Blick über die Dächer und Türme der Kopenhagener Altstadt. Domkirche, Rathaus und das historische Hauptgebäude der Universität prägen das Bild.

Rechts oben:
Nicht weniger eindrucks-
voll als das Königsschloss
präsentiert sich die nahe
gelegene Marmorkirche,
die Frederikskirche, deren
Grundstein 1749 gelegt
wurde.

Rechts unten:
Fast wie ein Relikt aus
Hans Christian Andersens
Zeiten wirkt das offizielle
Leben im Inneren von
Schloss Amalienborg.
Pittoresker Höhepunkt ist

die tägliche Wachab-
lösung um 12 Uhr mittags
auf dem Schlossplatz,
die je nach Anwesenheit
der Königin größer oder
kleiner ausfällt.

33

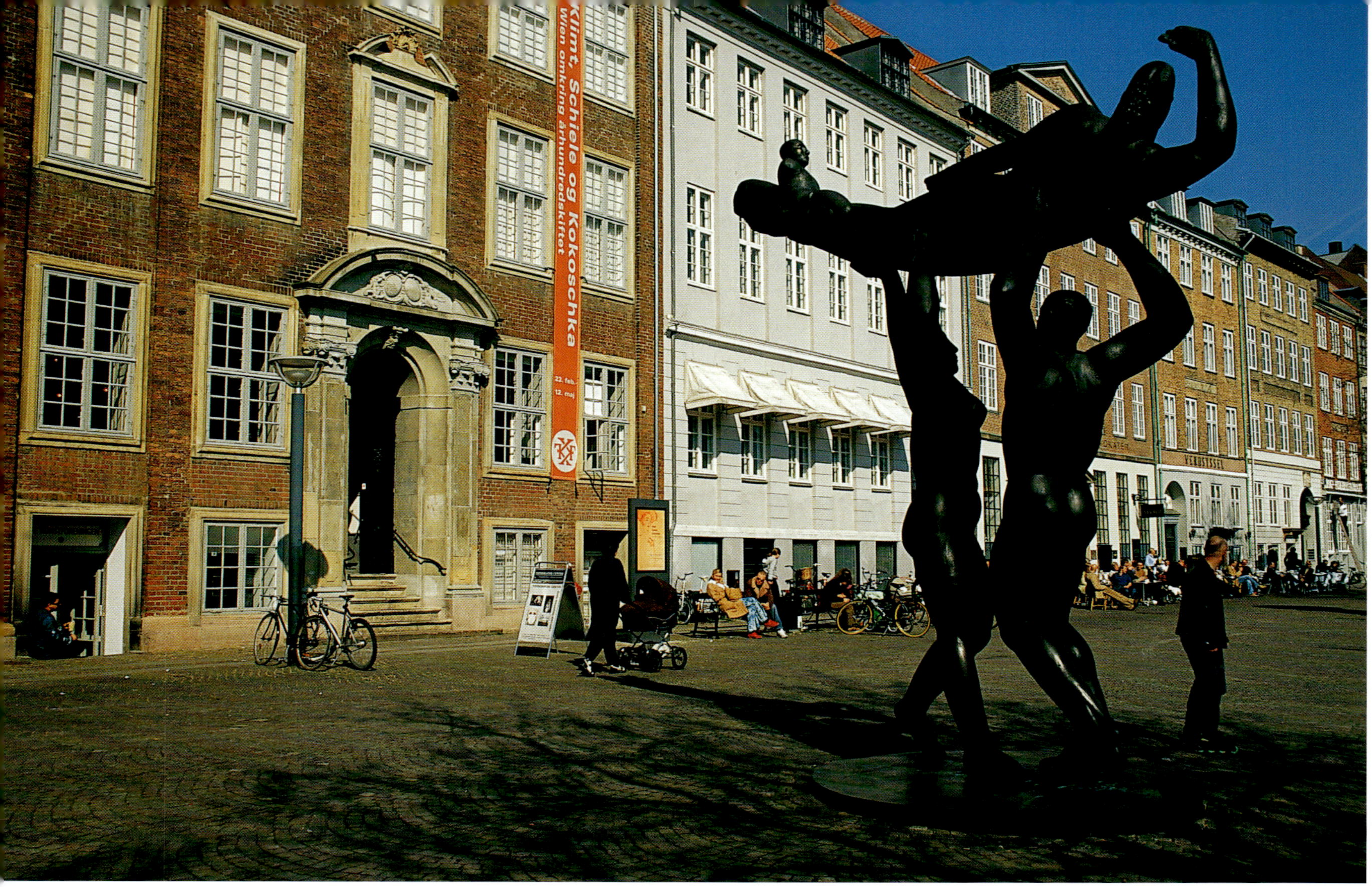

Oben:
Früher wurden auf dem Markt von Gammel Strand in Kopenhagen Fische verkauft, heute ist die Straßenzeile vis-à-vis der Schlosskirche und Schloss Christiansborg eine der renommiertesten Adressen für Liebhaber der gehobenen Fischküche.

Rechts:
Sobald es die Temperaturen zulassen, kehren viele Kopenhagener Gastronomen das Innere nach Außen. Insbesondere die Straßenzüge rings um Nyhavn sind ein beliebter Treffpunkt für alle, die gerne sehen und gesehen werden wollen. Man kann noch immer eine Ahnung davon bekommen, dass hier das Herz des Hafenlebens geschlagen hat.

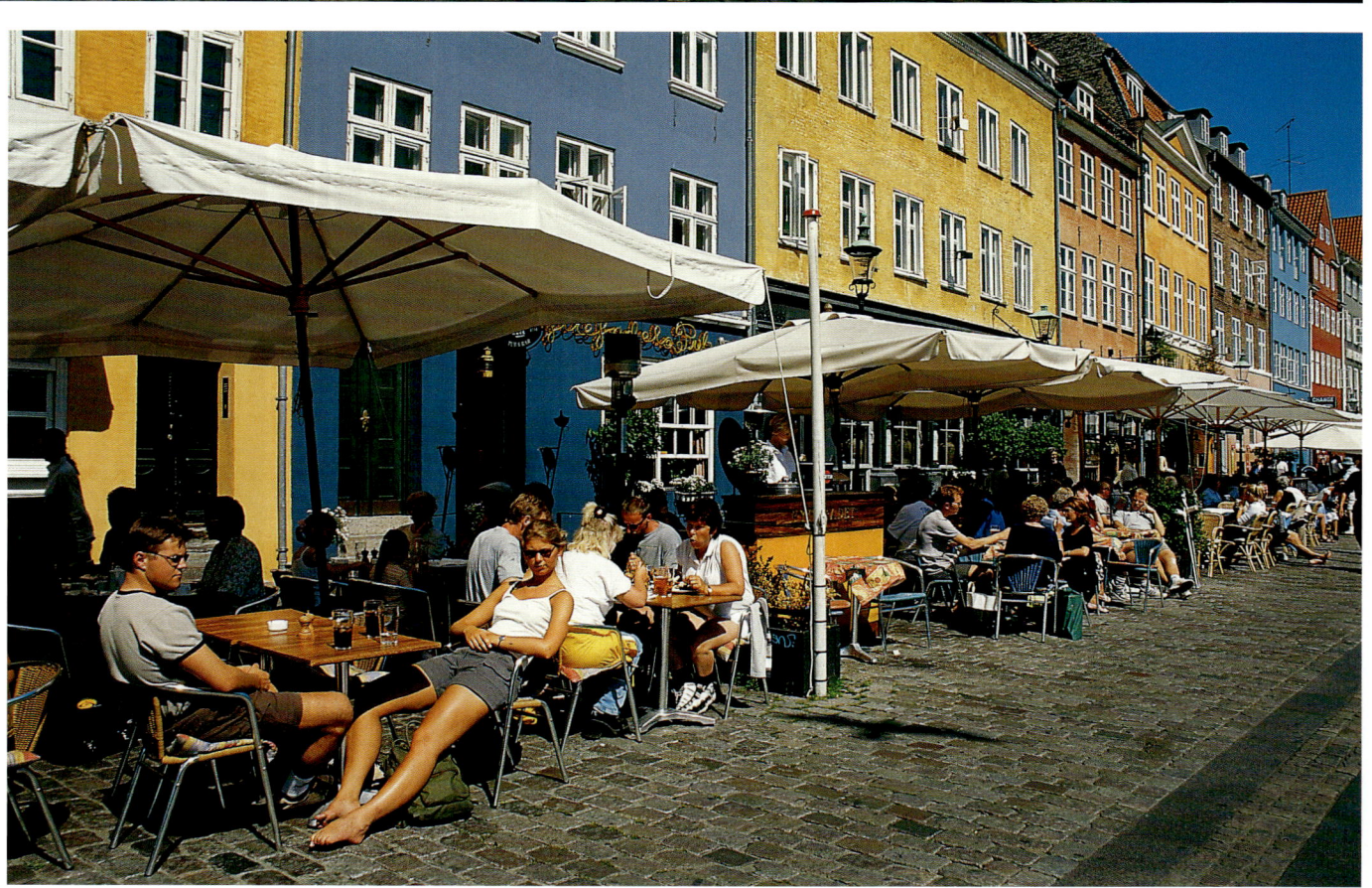

Oben:

Mittelpunkt allen
öffentlichen Geschehens
und wichtigster Verkehrs-
knotenpunkt in Kopen-
hagen ist der Rathaus-
platz, dessen Aussehen
sich wie das Rathaus
selbst am italienischen
Renaissancestil Sienas
orientiert. Allerdings
wurde das Kopenhagener
Magistratsgebäude
erst 1905 fertiggestellt.

Links:

Cappuccino, Espresso,
Milchkaffee – Kopen-
hagens Cafés sind in
den letzten Jahren
international geworden
und bemühen sich
erfolgreich um guten
Service. Die nordische
Sehnsucht nach
südländischem Flair
ist unübersehbar.

35

Oben:
Von großen Zerstörungen
blieb Kopenhagen über die
Jahrhunderte weitgehend
verschont. Die bunten,
sorgfältig renovierten
alten Häuser prägen darum
beim Bummel durch die
Altstadt das Bild. Hinter
die historischen Fassaden
sind meist moderne Läden
eingezogen – und viele
Cafés, die zu einer kleinen
Pause beim »Frokost«,
dem Mittagessen, oder
einem Kaffee einladen.

Rechts:
Der Gråbrødretorv
zwischen Strøget und
Købmagergade liegt nicht
weit von Dom und alter
Universität entfernt. Um
den beliebten Platz hat sich
eine lebhafte Restaurant-
szene entwickelt.

Links:

Antikes gefällig? Wer auf der Suche nach Ausge-fallenem oder Historischem ist, wird in Kopenhagen garantiert fündig. Antiquitätenhändler gibt es hier an der Store Kongensgade, aber auch zwischen Nyhavn und Bredgade sowie im Stadtteil Nørrebro.

Unten:

Der Gråbrødretorv hat seinen Namen von den Franziskanern, den »Grauen Brüdern«, die einst im Zentrum der Metropole ansässig waren. Im Sommer verlagert sich auch hier das Leben auf die Straße – Dänemark liebt den mediterranen Lebensstil, der perfekt zur nordischen Gelassenheit zu passen scheint.

Viele Jahre hatte das Louisiana-Museum in Humlebæk das Monopol auf moderne Kunst – bis Kopenhagen als Kulturhauptstadt Europas 1996 das Arken-Museum für moderne Kunst erhielt. Das architektonisch äußerst eigenwillige Gebäude liegt mitten in den Dünen am Ishøj Havn und präsentiert ausschließlich aktuelle Strömungen der internationalen zeitgenössischen Kunst. Der Architekt Søren Robert Lund war erst 25 Jahre alt, als er den Bauwettbewerb gewann.

Die Porzellanfabrikation bei Royal Copenhagen nahm schon 1775 in der königlichen Porzellanmanufaktur ihren Anfang. Drei Wellenlinien, die alle drei Durchfahrtswege in die Ostsee symbolisieren, zieren das weltweit geschätzte Porzellan. Zu Royal Copenhagen gehören heute aber auch die Silberschmiede von Georg Jensen und die Glasbläserei Holmegaard, die am Ostende der Strøget zu finden sind.

Hereinspaziert! Eine der größten Attraktionen Kopenhagens ist der weltberühmte Tivoli. Der abenteuerliche Garten an der Vesterbrogade öffnete erstmals 1843 seine Pforten für Besucher und gilt als einer der ältesten Freizeitparks der Welt. Jahr für Jahr zieht er Millionen kleiner und großer Besucher in seinen Bann. Zu den Gästen gehören die dänischen Hauptstädter ebenso wie Vergnügungssüchtige aus aller Welt.

In der Sommersaison gehört der – meist sonntägliche – Abstecher in den Tivoli fest zum Programm der Kopenhagener. Sie genießen die »hyggelige« Mischung aus zeitloser Stimmung wie zu Großmutters Zeiten und modernen Fahrgeschäften. Zahlreiche Vergnügungen bietet der Tivoli seinen Gästen – von der schnellsten Achterbahn Nordeuropas, dem »Dämonen«, bis zum mehr als 100 Jahre alten Tierkarussell. Hinzu kommen Live-Konzerte im Konzertsaal sowie Open-Air-Veranstaltungen auf dem Festplatz. Aber auch altmodische Angebote wie Losenwerfen, Glücksrad oder der Genuss von Zuckerwatte und Softeis gehören zum Charme des Tivoli. Wer ihn nicht besucht hat, kennt Kopenhagen nicht …

Zwischen 1606 und 1634 entstand Schloss Rosenborg. Im ursprünglich als Lustschlösschen außerhalb Kopenhagens konzipierten Renaissancebau sind heute die dänischen Kronjuwelen zu bestaunen.

An alle dänischen Könige zwischen 1588 und 1863, angefangen beim Bauherrn Christian IV., wird in öffentlich zugänglichen Gedenkräumen von Schloss Rosenborg erinnert. Wo heute andächtig innegehalten wird, feierte früher der dänische Königshof seine rauschenden Feste.

Rechte Seite:
Der königliche Garten, Kongens Have, der Schloss Rosenborg umgibt, gilt als einer der schönsten Parks der Stadt. Er wurde im ursprünglichen Renaissancestil wiederhergestellt und dient heute als beliebter Treffpunkt für Jedermann.

SCHLÖSSER, PARKS UND HERRENSITZE

Wenn in einem relativ dünn besiedelten Land von der Größe Niedersachsens Hunderte von gepflegten Schlössern, Parks und Herrenhöfen zu finden sind, ist dies nicht nur ein Zeichen privaten Wohlstands und royalen Glanzes, sondern zugleich Ausdruck gesellschaftlichen Verantwortungsbewusstseins gegenüber der eigenen Historie. Um kein Missverständnis aufkommen zu lassen: Wehe dem dänischen Schlossherrn, der alle Auflagen des Denkmalschutzes zu erfüllen hat, aber nur die spärlichen Zuschüsse der öffentlichen Hand erhält! Doch Not macht bekanntlich erfinderisch, und davon profitiert in diesem Fall der Reisende, der von immer mehr Schloss- und Herrenhausbesitzern als Hotelgast umworben wird. Keine Angst vor hohen Tieren: Einige dieser Schlösser und Gutshöfe sind eher schlicht eingerichtet.

Den Reichtum an architektonischen Bauten mit repräsentativem Charakter verdankt Dänemark wie so viele andere Errungenschaften vor allem König Christian IV. In nur wenigen Jahrzehnten der Renaissance (circa 1550–1660) entstanden landesweit rund 1500 Schlösser und Herrensitze. Doch auch im Barock (1660–1730), ja selbst im Klassizismus (circa 1775–1850), der »Armenzeit« Dänemarks, wurde herrschaftlich gebaut.

Die meisten der ehemaligen und jetzigen Schlösser des Königshauses befinden sich in und um Kopenhagen, so zum Beispiel Schloss Rosenborg (1634 fertiggestellt), ursprünglich Landsitz und heute mitten im Stadtzentrum gelegen. Der Schlosspark, die älteste königliche Parkanlage Dänemarks, wurde in seinen ursprünglichen Renaissancestil zurückverwandelt und dient seither – typisch dänisch – als öffentliches Refugium in der Hektik der Millionenmetropole. Zugänglich ist auch Schloss Frederiksborg in Hillerød, Sitz des Nationalhistorischen Museums. Nur wenige Kilometer entfernt nutzen Königin Margrethe und Gemahl Schloss Fredensborg, das 1720 bis 1722 für König Frederik IV. am Esromsee errichtet wurde, während der Frühlings- und Sommermonate als Wohnsitz.

Heckenlabyrinth und Rosengarten

Als eines der schönsten Wasserschlösser Europas gilt Schloss Egeskov (1554 vollendet) auf der Insel Fünen: Neben dem Schloss selbst ziehen ein umfangreiches Heckenlabyrinth, der Schlosspark mit Rosen- und Kräutergarten sowie ein Oldtimer-Museum die Besucher in Scharen an. Nur eine Brückenlänge über den Svendborgsund von Fünen entfernt liegt Valdemars Slot (1644 fertiggestellt) auf der Insel Tåsinge. Die von Christian IV. für seinen Sohn Valdemar etwas abseits erbaute Schlossanlage besticht durch ihre Symmetrie und dem Meer zugewandte Lage.

Die Macht des Adels und der Großgrundbesitzer zur Zeit der Renaissance zeigt sich am ausgeprägtesten auf Jütland: Allein auf der Halbinsel Djursland zeugen mit Katholm, Rosenholm, Løvenholm und Gammel Estrup gleich vier Schlossanlagen vom Reichtum einzelner Familien. Zu den schönsten Adelssitzen der Renaissancezeit zählt Gut Voergård im Osten Vend-

syssels, der durch den Limfjord vom Festland abgetrennten »Kapuze« Jütlands. Reliefs und Gesimsbänder verzieren das Mauerwerk; den Reichtum im Inneren, zum Beispiel Gemälde von Goya, Raffael, Rubens und Frans Hals, verdankt das Schloss allerdings späteren Besitzern. Eindrucksvolle Hinterlassenschaften der Barockzeit sind Schloss Dronninglund und das Gut Børglumkloster im Norden Jütlands sowie Schloss Schackenborg bei Tønder nahe der deutschen Grenze, das von Prinz Joachim und Prinzessin Alexandra bewohnt wird.
Die in Skandinavien traditionell geringe Machtdistanz zwischen Königshaus, Politik und Adel einerseits und der Bevölkerung andererseits manifestiert sich in der großzügigen Öffnung der meisten Parkanlagen, selbst wenn die jeweiligen Schloss- und Gutsbesitzer anwesend sind. Lokale und regionale Kulturveranstaltungen beziehen deshalb zunehmend Schlösser und Herrensitze in ihr Programm mit ein. Eine der größten Veranstaltungen dieser Art ist der »Kulturhøst«, die »Kulturernte«, die auf den Inseln Lolland, Falster, Møn und Südseeland jedes Jahr im Spätsommer eingefahren wird. Als Veranstaltungsorte für Konzerte, Ausstellungen und Events dienen unter anderen Schloss Gavnø bei Næstved, die Rokoko-Anlage von Schloss Liselund oberhalb der Kreidefelsen von Møn, Corselitze und der Fuglsang-Park auf Lolland

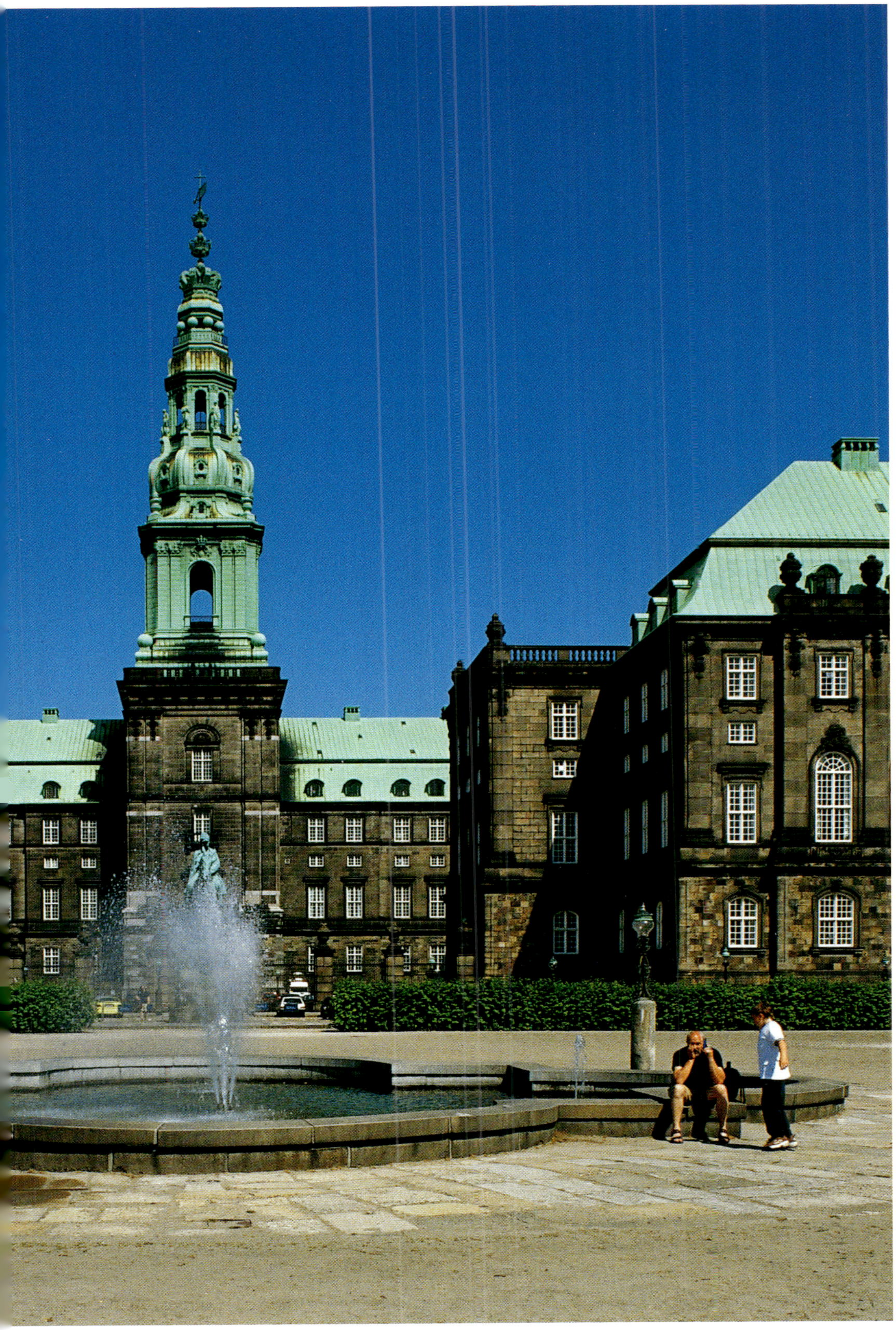

Oben:
Mehrfach abgebrannt und in seiner heutigen Form seit 1928 das Zentrum der politischen Macht in Dänemark: Schloss Christiansborg im Zentrum Kopenhagens. Hier tagt heute das Parlament, das Folketing, darüber hinaus befinden sich das höchste Gericht, Ministerien und Empfangsräume der Königsfamilie im Schloss.

Rechts oben:
Das dreiflügelige Wasserschloss Gammel Estrup auf der Halbinsel Djursland gilt als eines der schönsten Renaissanceschlösser in Jütland. Jahrhundertelang im Besitz der Familie Skeel sind hier heute prachtvolle Hinterlassenschaften auch aus anderen ihrer Güter zu sehen.

Rechts:
In Anbetracht der prunkvollen Ausstattung Schloss Rosenborgs, in dem eine einzigartige Sammlung von Interieur, Porzellan, Silber und Gemälden zu sehen ist, erscheint der Lebensstil der Familie Königin Margrethes II. eher weltlich bescheiden.

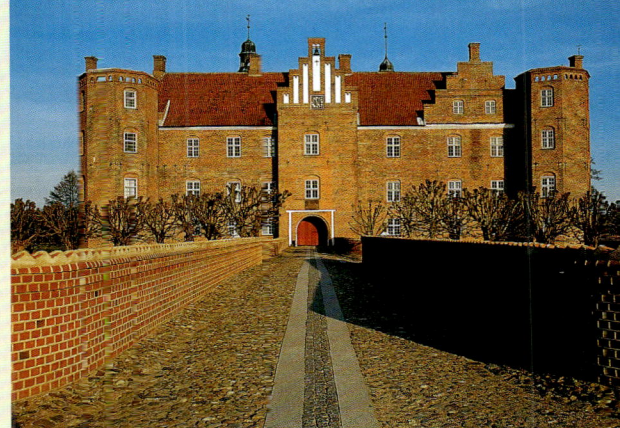

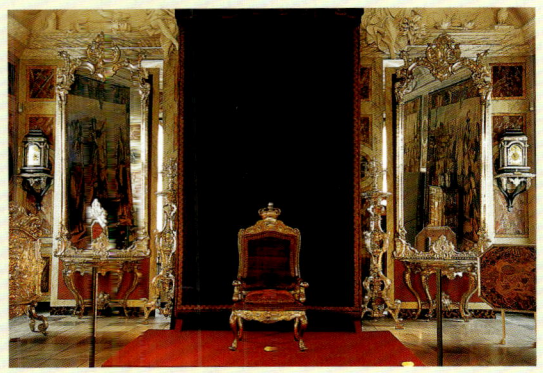

... obiit illustrissima princeps et domina domina margareta quondam dacie suecie norwegium regnorum reg...

Links:

Bis ins 15. Jahrhundert hinein war die seeländische Stadt Roskilde wichtiges Machtzentrum des Landes. Dazu trug nicht zuletzt bei, dass

Roskilde Bischofssitz und Zentrum des Katholizismus in Dänemark war. Weithin sichtbar dokumentieren die spitzen Türme der Domkirche in Roskilde ihre Bedeutung.

Unten:

Alle dänischen Königinnen und Könige seit den Zeiten Margretes I. (gestorben 1412) wurden in der Domkirche beigesetzt.

Kapellen, Grabplatten, Sarkophage und Gedenktafeln ver eihen dem Kirchenraum eine ganz eigene Atmosphäre.

Links:

Königin Margrete I. einte 1397 die nordischen Länder zu einem Reich. Nie wieder in der Geschichte lag eine

derartige Machtfülle in einer Hand. Ihr Sarkophag ist in der Domkirche von Roskilde zu sehen.

Oben links:

Die Domkirche von Roskilde spiegelt fast zwei Jahrhunderte kirchlicher Baugeschichte wider, die

für eine eigenartige Mischung romanischer und gotischer Elemente sorgt. Zehn weitere

Anbauten, die durch die Jahrhunderte entstanden, haben die Stilvielfalt entsprechend erweitert.

Linke Seite:
In einem Land, dessen
Windkraftindustrie heute
zu einem der größten
Exportschlager der
Geschichte geworden ist,
wirkt die historische
Kornmühle von Ramløse
wie ein Prototyp aus den
Anfängen der Windnutzung.

Die alten Buhnen am
Strand von Rågeleje
lassen erahnen, mit
welcher Kraft das Wasser
des Kattegats auf die
Nordküste Seelands
stoßen kann. Bis zu drei
Meter hohe Wellen
machen aus dem Küsten-
halbrund ein ideales
Surfrevier.

Der Arresø im Norden
Seelands ist mit rund
40 Quadratkilometern
Fläche der größte Binnen-
see Dänemarks. Er ver-
dankt seine Entstehung
den Moränenablagerungen
der letzten Eiszeit, die
vor rund 12 000 Jahren zu
Ende ging.

49

Oben:
Die bis zu 41 Meter hohen Kreideklippen von Stevns Klint bilden das abrupte Ende Seelands im Südosten der Insel. Ihre untersten Schichten sind gut 65 Millionen Jahre alt und enthalten eine Unmenge von Versteinerungen: Seeigel, Muscheln, Fische und Amphibien.

Rechts:
Wie ausgeprägt die Kunst des Schiffbaus schon bei den Wikingern war, zeigen die akribisch genauen Nachbauten von Handelsfahrzeugen, die in der »Werft« des Wikingerschiffsmuseums in Roskilde entstehen. Nach ihrer Fertigstellung dienen die Holzboote zu Fahrten auf dem Roskilde Fjord.

Oben:
Ihr Chor stürzte 1928 ins Meer, der noch existierende Teil der Højerup Gamle Kirke ist heute untermauert und ein Wahrzeichen der Kreideklippen von Stevns Klint geworden. Gleich nebenan präsentiert das Museum von Stevns Historisches und Volkskundliches aus der Region.

Links:
Die eindrucksvollen Reste ehemaliger Lang- und Lastschiffe aus der Wikingerzeit sind im Wikingerschiffsmuseum in Roskilde zu bestaunen. Die fünf rund 1000 Jahre alten, seetauglichen Fahrzeuge wurden Anfang der Sechzigerjahre rund 20 Kilometer nördlich im Fjord gefunden.

Unten:
Abseits des geschäftigen Fährhafens haben die Fischkutter im ehemaligen Werftbecken von Helsingør ihren festen Liegeplatz.

Von hier sind es nur wenige Schritte in die mächtigen Wallanlagen von Schloss Kronborg, das heute vor allem als Seezeichen im Øresund dient.

Rechts oben:
»Auf den Spuren William Shakespeares« kann man heute durch die alten Gassen von Helsingør wandeln. Die bis zu 450 Jahre alten Fachwerkhäuser lassen noch immer ein wenig erahnen, wie

es in der Hafenstadt zugegangen sein muss, als hier jedes passierende Schiff zur Entrichtung des Øresundzolls vor Anker ging. Nicht alle Ecken der Stadt waren damals so fein wie heute.

Rechts Mitte:
Als Schauplatz des Hamlet machte Shakespeare Schloss Kronborg weltberühmt. Das mächtige Renaissanceschloss, das in seiner heutigen Form seit 1585 besteht, ist in weiten Teilen öffentlich

zugänglich. Besonders
eindrucksvoll sind die
weitläufigen Kasematten:
In einer ihrer Nischen
schlummert Dänemarks
Nationalheld Holger
Danske, der der Sage nach
erwachen wird, wenn das
Land in Not geraten sollte.

Rechts unten:
Typisch für die
ostdänischen Inseln ist
das Rot der Kirchen mit
ihren charakteristischen
Treppengiebeln, hier in
Vester Egesborg. Die
evangelisch-lutherische
Kirche ist heute staatliche

Volkskirche, der immer
noch rund 90 Prozent der
Bevölkerung angehören.
Noch bis zur Einführung
der Glaubensfreiheit 1849
verloren Dänen, die zum
Katholizismus konver-
tierten, ihre Bürgerrechte.

Der rote Leuchtturm
Helsingørs steht für
Backbord und zeigt den
zahlreichen Schiffen
zwischen Dänemark und
der schwedischen Stadt
Helsingborg, wie sie zu
fahren haben.

Rechts:
Herakles kämpft mit der
vielköpfigen Hydra am
Hafen von Helsingør. Die
monumentale Skulptur
stammt von dem Symbo-
listen Rudolph Tegner
(1873–1950), dessen
weitere Werke man
im Rudolph-Tegner-
Museum zwei Kilometer
von Dronningmølle
besichtigen kann.

Links:

Die modernen Doppelend-fähren pendeln rund um die Uhr im 20-Minuten-Takt über die hier schmalste Stelle des Øresunds. Trotz der Øresundbrücke zwischen Malmö und Kopenhagen ist der Fähr-verkehr zwischen den Schwesterstädten Helsingør und Helsingborg nicht schwächer geworden: In den überdurchschnittlich guten Bordrestaurants wird oft viele Pendel-fahrten lang getafelt.

Oben:

Grün für Steuerbord: Die bunten Leuchtfeuer an der Hafeneinfahrt von Helsingør weisen den Schiffen ihren Weg. Obacht ist auch geboten: Mit rund 20 Millionen Passagieren pro Jahr ist die Fährlinie zwischen Helsingør und dem benach-barten Helsingborg die am stärksten frequentierte der Welt.

Eines der meistbesuchten Museen Seelands ist der Hof Rungstedlund, das Haus der dänischen Ausnahmeliteratin Karen Blixen. Trotz der vielen Besucher scheint das Haus etwas von der ruhigen großbürgerlichen Atmosphäre bewahrt zu haben, in der Karen Blixen hier ihre dänischen Jahre verbrachte.

Ein Idyll wie zu Hans Christian Andersens Zeiten. In manchen Dörfern des kleinen Königreichs, hier in Gilleleje, scheint die Zeit stehen geblieben zu sein, sicherlich einer der Gründe für dessen unverwechselbaren Charme.

Der faszinierende Blick auf das silbrige Grau des Øresunds ist nur einer der vielen Höhepunkte, die das Louisiana-Museum für moderne Kunst zu bieten hat. Die Museumsanlage in Humlebæk, Dänemarks Kunsttempel schlechthin, versteht sich als Gesamtkunstwerk: Allein ihre facettenreiche Einbettung in die Natur der hier steilen Meeresküste ist einen Besuch wert.

Karen Blixen lebt – in der Authentizität ihres Hauses, dessen Interieur den Zeitläuften unverändert und unbeschadet getrotzt hat. Jeden Morgen zieren frische Blumen die lichten Räume des Anwesens, ganz so, wie es die Grande Dame der dänischen Literatur liebte.

KLEIN ABER FEIN –
DIE DÄNISCHE LITERATUR

Kleine Länder, kleine Sprachen – es ist das Kreuz jeder Literatur eines kleinen Landes, sich in einem begrenzten Sprachumfeld bewegen zu müssen, und das gilt nicht zuletzt für das Königreich mit der weiß-roten Fahne. Gerade mal 5,3 Millionen Dänen, Färinger und Grönländer beherrschen die dänische Sprache. Dass dänische Literatur in Resteuropa lange weitgehend unbekannt war, ist von daher nicht verwunderlich. Und es erstaunt nicht, dass selbst die ganz Großen wie Hans Christian Andersen oder Karen Blixen der deutschen oder englischsprachigen Literatur zugeordnet werden. Zu einseitig liefen über lange Zeiträume die interkulturellen Impulse von Süden nach Norden, nur wenige Schriftsteller fanden südlich der Grenze Gehör.

Einer der ersten war der Aufklärer Ludvig Holberg (1684–1754). Auch wenn ihm die Bezeichnung »Molière des Nordens« im positiven Sinne schmeichelt, sagt sie doch etwas aus über die Qualitäten des großen Komödienautors, der in Texten wie »Jeppe vom Berge« urbanische Stimmungen entstehen lässt. Rilke-Kenner wissen, dass sich der deutsche Lyriker stark vom Naturalisten Jens Peter Jacobsen (1847–1885) inspirieren ließ, der mit »Frau Marie Grubbe« und »Niels Lyhne« auch in Deutschland literarische Spuren hinterließ. So unterschiedlich, wie man die Welt zur selben Zeit nur sehen kann, haben Søren Kirkegaard (1813–1855) und Hans Christian Andersen (1805–1875) das frühe 19. Jahrhundert in ihren Werken verarbeitet. Während der Theologe und Philosoph Kirkegaard mit Schriften wie »Entweder-Oder« zum Begründer des Existenzialismus wurde, machte seine feinfühlige Kunst des Märchenerzählens die komplexe Person Andersen bis zum heutigen Tag zum »Exportschlager« der dänischen Literatur. Seine Nähe zu Chamisso, Tieck und zur deutschen Romantik führte paradoxerweise dazu, dass Andersens »Märchen meines Lebens ohne Dichtung« zuerst in Leipzig und erst acht Jahre später als »Mit livs eventyr« in Dänemark erschienen. Geprägt durch die enorme technische und industrielle Entwicklung Ende des 19. Jahrhunderts nahmen sich Hermann Bang (1857–1912) und Martin Andersen Nexø (1869–1954) auf höchst unterschiedliche Weise der stillen Existenzen am Rande der sich stark verändernden Gesellschaft an. Die formidable Verfilmung von »Pelle der Eroberer« durch Bille August verschaffte dem gebürtigen Bornholmer Andersen Nexø neues internationales Renommee.

Grande Dame der nordischen Literatur

Im Taumel der Weltkriege und sozialen Verwerfungen der Zwischenkriegszeit blieben Dänemarks Literaten eher unter sich. Einzig Karen Blixen (1885–1962), die in Deutschland und den anglo-amerikanischen Ländern als Tania Blixen bekannt ist, schaffte mit »Sieben phantastische Geschichten« noch in den 30er-Jahren den internationalen Durchbruch. Einer breiten Öffentlichkeit wurde das Leben und Werk der Grande Dame der nordischen Literatur allerdings erst durch die Verfilmung ihres autobiografischen Romans »Jenseits von Afrika« bekannt. Ihr früherer Wohnsitz, Gut Rungstedlund an der Øresundküste nördlich von Kopenhagen, ist heute eines der meist besuchten Museen Dänemarks und Zentrum literarischen Lebens.

Fiktion, politische Kritik, bekennende Lyrik – in den Fünfziger- und Sechzigerjahren entstand eine bunte literarische Welt, in der erste Multimediakünstler oft in mehreren Genres gleichzeitig arbeiteten. Klaus Rifbjergs (1931 geboren) »Die chronische Unschuld« über die Kriegskindergeneration auf der Suche nach einer neuen Identität wurde 1958 zum Kultroman. Villy Sørensen stellte 20 Jahre später mit seiner Streitschrift »Aufruhr der Mitte« das Wertesystem der dänischen Gesellschaft zur öffentlichen Diskussion. Einen Wendepunkt des deutschen Interesses an dänischer Literatur bedeutete die Frankfurter Buchmesse im Jahr 1990, in deren Folge Autoren wie Peer Hultberg und Inger Christensen große internationale Beachtung fanden. Zum neuen Star der dänischen Verfasser avancierte jedoch Peter Hoegh (1957 geboren), mit seinen Romanen »Vorstellung vom 20. Jahrhundert« und »Fräulein Smillas Gespür für Schnee«. Nicht zuletzt die Verfilmung der dänisch-grönländischen Kriminalgeschichte rückte den nordischen Nachbarn in das kulturelle Interesse der deutschen Gesellschaft.

Links:
Sein ausgeprägtes soziales Engagement, weist Martin Andersen Nexø einen besonderen Platz in der dänischen Literaturgeschichte zu. Sein Geburtshaus ist in Nexø auf Bornholm zu sehen.

Oben:
Erst mit der Verfilmung von »Jenseits von Afrika« erlangte Karen Blixen posthum den Weltruhm, der ihrem literarischen Schaffen angemessen ist. Dass es sich hier nicht um eine Hollywood-

Fiktion, sondern um
einen atemberaubenden
Abschnitt ihrer bewegten
Biografie handelt, zeigen
die faszinierenden
Erinnerungsstücke ihres
Lebens auf dem schwarzen
Kontinent.

Rechts oben:
Søren Kierkegaard als
fleißiger Student. Der
Theologe und Philosoph
beschäftigte sich haupt-
sächlich mit der Stellung
des Individuums.

Rechts Mitte:
Karen Blixen im Park
von Rungstedlund. Die
Aufnahme aus dem Jahr
1943 zeigt die Schrift-
stellerin fast sechzigjährig
nach ihrer Rückkehr aus
Afrika in die vertraute
Umgebung.

Rechts unten:
Ein wenig skeptisch
schaut Hans Christian
Andersen über den
Fopenhagener Rathaus-
markt. Dabei schenkte
man dem egozentrischen
Multitalent durchaus
die gewünschte
Aufmerksamkeit.

Kleine Bilder links:

Gilleleje an der Nordspitze Seelands ist eines der ältesten Fischerdörfer Dänemarks – auch wenn es im Hafen eher großstädtisch zugeht. Jeden Morgen findet hier eine große, öffentliche Fischauktion statt, auf der sich auch Kopenhagens Spitzengastronomen mit frischer Ware versorgen. Doch Fangquotenregelungen und die steigenden Betriebskosten für die Fahrzeuge tragen ihren Teil dazu bei, dass die Arbeitslosigkeit unter Dänemarks Fischern landesweit überproportional hoch ist.

In schönstem nieder-
ländischen Renaissancestil
präsentiert sich Schloss
Frederiksborg in Hillerød.
Der Prunkbau Christians IV.,
der zwischen 1600 und
1620 entstand, beheimatet
heute das National-

historische Museum.
Zu den größten Sehens-
würdigkeiten der verspielt
wirkenden Anlage gehört
die 1610 von Compenius
gebaute Orgel in der
Schlosskirche.

Unten:

Der Frieden nach dem
Großen Nordischen Krieg
gab Schloss Fredensborg
in der gleichnamigen Ort-
schaft am Esromsee den
Namen. In dem 1722 durch
Fredrik IV. fertiggestellten
Schlossgebäude sind

neben Barock auch Rokoko
und Klassizismus architektonisch vertreten. Heute
ist Schloss Fredensborg
im Frühling und Sommer
Residenz der dänischen
Königsfamilie.

Unten:

Zwischen dem Schloss
Fredensborg und dem
Ufer des Esromsees liegt
eine der schönsten Garten-
anlagen Dänemarks.
Der Schlosspark ist im

Gegensatz zum Schloss
selbst, das nur im Juli
besucht werden kann, das
ganze Jahr über geöffnet.

Jede Menge Skulpturen,
Vasen, Säulen und
Amphoren zieren den
Marmorgarten Schloss

Fredensborgs. Aktuelle
Schenkungen an das
Königshaus erweitern
diesen Fundus ständig.

Zum Wasserschloss
Frederiksborg gehört ein
prachtvoller französischer
Barockgarten aus dem
Jahr 1720. In der Schloss-

kirche Frederiksborgs
wurden zwischen 1761 und
1840 alle absolutistischen
Könige Dänemarks gekrönt.

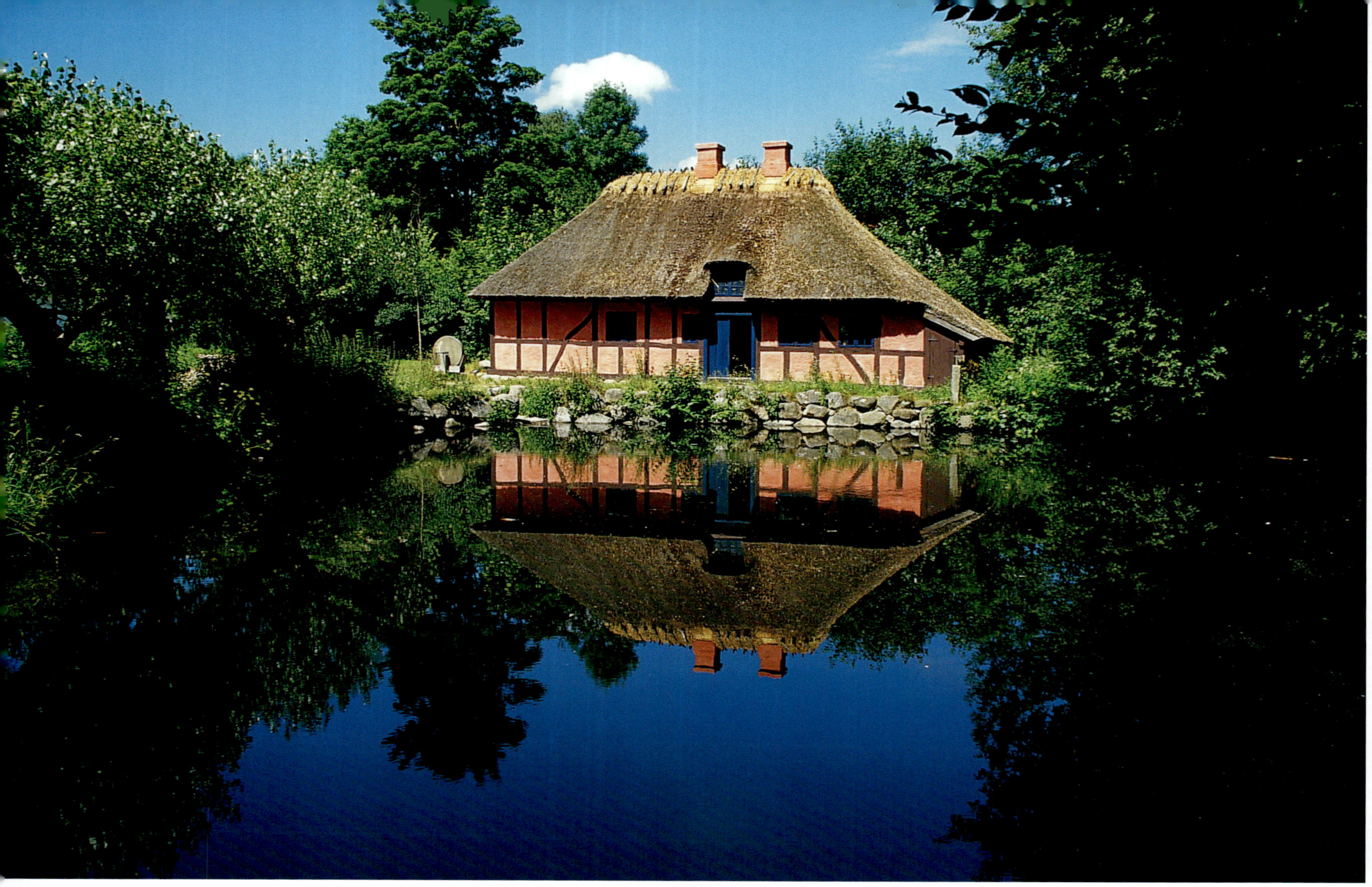

Oben:
Etwas nördlich von Lyngby liegt Schloss Sorgenfri, eine frühere Sommerresidenz verschiedener Monarchen. Gleich nebenan bietet das gleichnamige Freilichtmuseum einen repräsentativen Querschnitt durch die jahrhundertealte Baugeschichte Nordseelands.

Rechts:
Wie anno dazumal zieren Stockrosen die Wände der kleinen namenlosen Häuschen, die so typisch sind für das Land. Der museale Charakter täuscht: Im Inneren finden sich in der Regel alle Attribute eines modernen dänischen High-Tech-Haushalts.

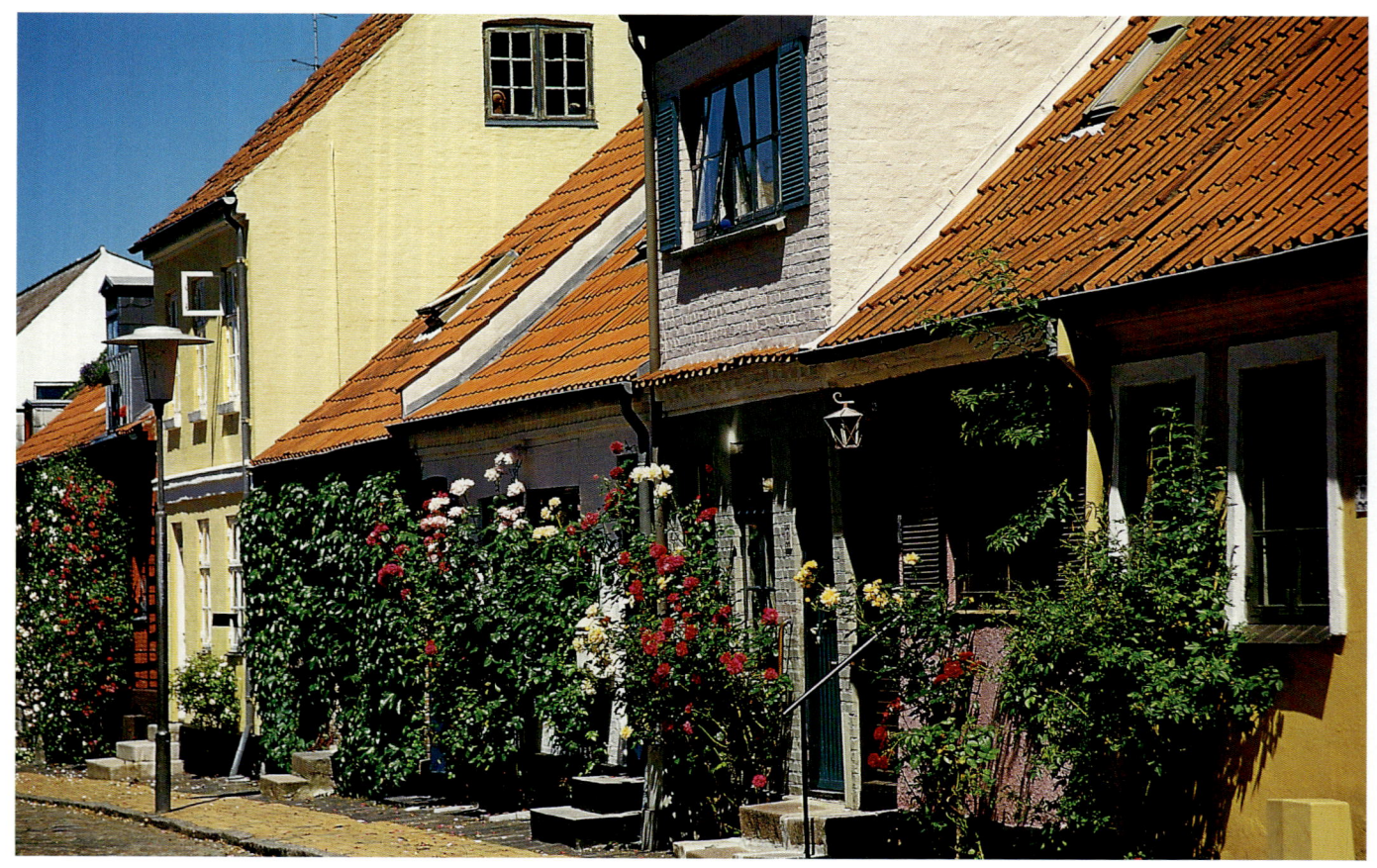

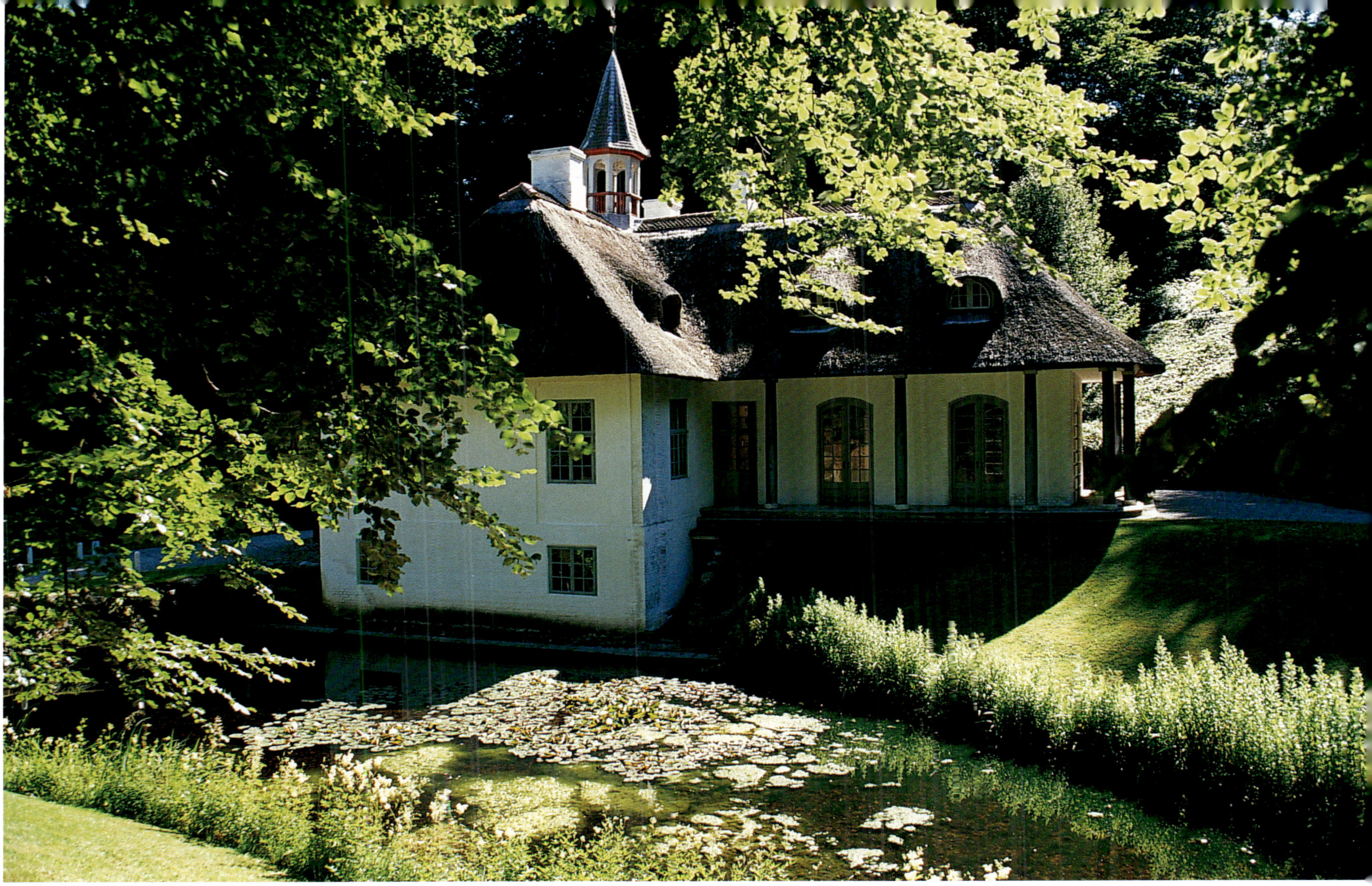

Oben:
Ganz beschaulich schmiegt sich das Lustschlösschen von Liselund in eine Ecke des gleichnamigen Schlossparks auf der Insel Møn. Die Parkanlage hoch oben auf den Kreidefelsen ist eine romantische Hommage an das französische Lebensgefühl Ende des 18. Jahrhunderts.

Links:
Im seeländischen Freilichtmuseum Sorgenfri gibt es neben einem kompletten Dorf mit Häusern von 1880 bis 1960 über 70 Bauernhöfe mit Nebengebäuden aus allen Gegenden Dänemarks, auf denen teilweise Haustiere gehalten werden.

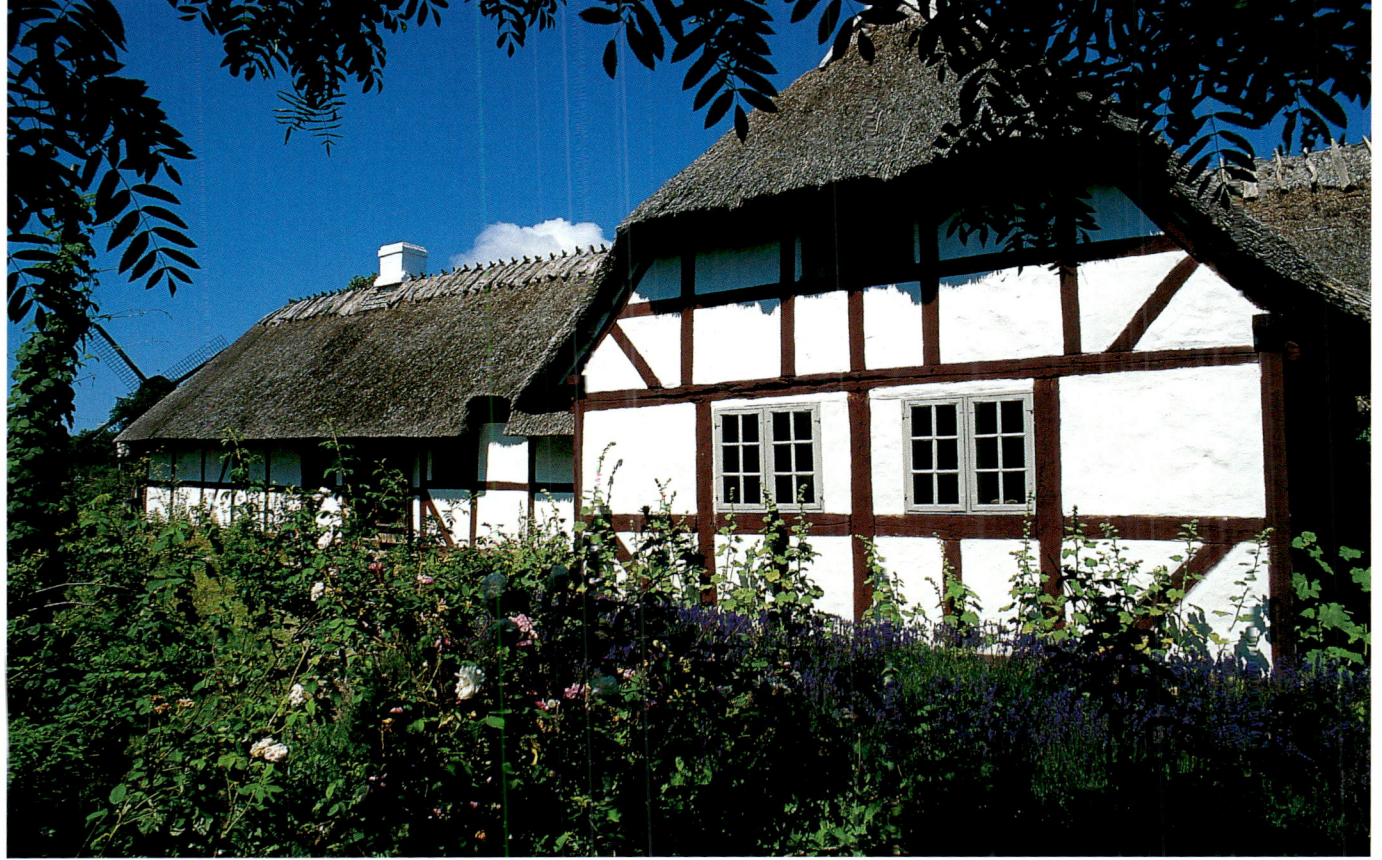

Unten:
Die Kirche von Elmelunde mit Teilbereichen aus dem Jahr 1080 gehört zu den ältesten Kirchen des Landes. Mitten auf Møn gelegen ist hier einer der »Nationalschätze« Dänemarks zu sehen: Die Kalkmalereien aus der Zeit um 1480.

Seite 66/67:
Die 216 Quadratkilometer große Ostseeinsel Møn ist mit ihren stillen Alleen und der welligen Landschaft ein echtes Urlaubsparadies. Und auch die alten, bis heute noch selbstständigen Bauernhöfe unterstützen die malerische Idylle der weitestgehend unter Naturschutz stehenden Landschaft.

Rechts oben:
Die dreischiffige Domkirche von Maribo auf der Insel Lolland, die um 1470 erbaut wurde, war früher ein Kloster des Birgittinen- Ordens. Sie wurde Anfang des 19. Jahrhunderts Stift- skirche des neu gegrün- deten Bistums Lolland- Falster und ist seit 1924 offiziell Domkirche.

Rechts Mitte:

*Als wäre sie aus Lego-
steinen gebaut, leuchtet
die Kirche von Rørvig in
kräftigen Farben. Typisch
für Dänemarks Kirchen:
die Treppengiebel.*

Rechts unten:

*Biblische Motive sind
an den Decken der
Kirche von Kelby auf
faszinierend erzählerische
Weise dargestellt. Die zum
größten Teil von dem*

*Elmelunder Meister
stammenden Kalkmalereien
sollten die Menschen, die
der Schrift nicht mächtig
waren, mit den Inhalten
der Bibel vertraut machen.*

Seite 70/71:
75 Millionen Jahre alt erheben sich die mächtigen Kreidefelsen von Møns Klint hoch über die Ostsee. 12 Kilometer lang und bis zu 128 Meter hoch bilden sie das steile Ostufer der mit Ausnahme Bornholms östlichsten Insel Däne-marks. Legendär ist die Vielfalt der Versteine-rungen, die hier zu finden sind. Mehrere Wege führen an den Strand hinunter, der allerdings in Teilbereichen gesperrt sein kann, da Wind und Wetter dem weißen Gebirge kräftig zusetzen.

Rechts:
Kein Haus in Dänemark ist weiter als 55 Kilometer vom Meer entfernt, und viele Dänen haben irgendwo ein eigenes Bötchen. Die stillen Sonnenauf- und unter-gänge am Meer gehören natürlich zum Erleben des Meeres dazu.

Oben:
Sie hat das Leben in Dänemark wie kein zweites Bauwerk verändert – die Große-Belt-Brücke, die Fünen mit Seeland verbin-det. Das rund 18 Kilometer lange Meisterwerk der Ingenieurskunst ist aller-dings nur ein Teil der festen Querung: Während der Autoverkehr über die Hochbrücke rollt, unter-queren die Züge der DSB die Schifffahrtsrinne des Großen Belts in einem Tunnel.

Rechts:
Auch wenn Dänemark ganz im Süden Skandinaviens liegt, sind die Abende während der Sommer-monate schon deutlich heller als in Mitteleuropa – gleichzeitig lässt das unvergleichliche Licht des Nordens fast unmerklich Ruhe und Entspannung wachsen.

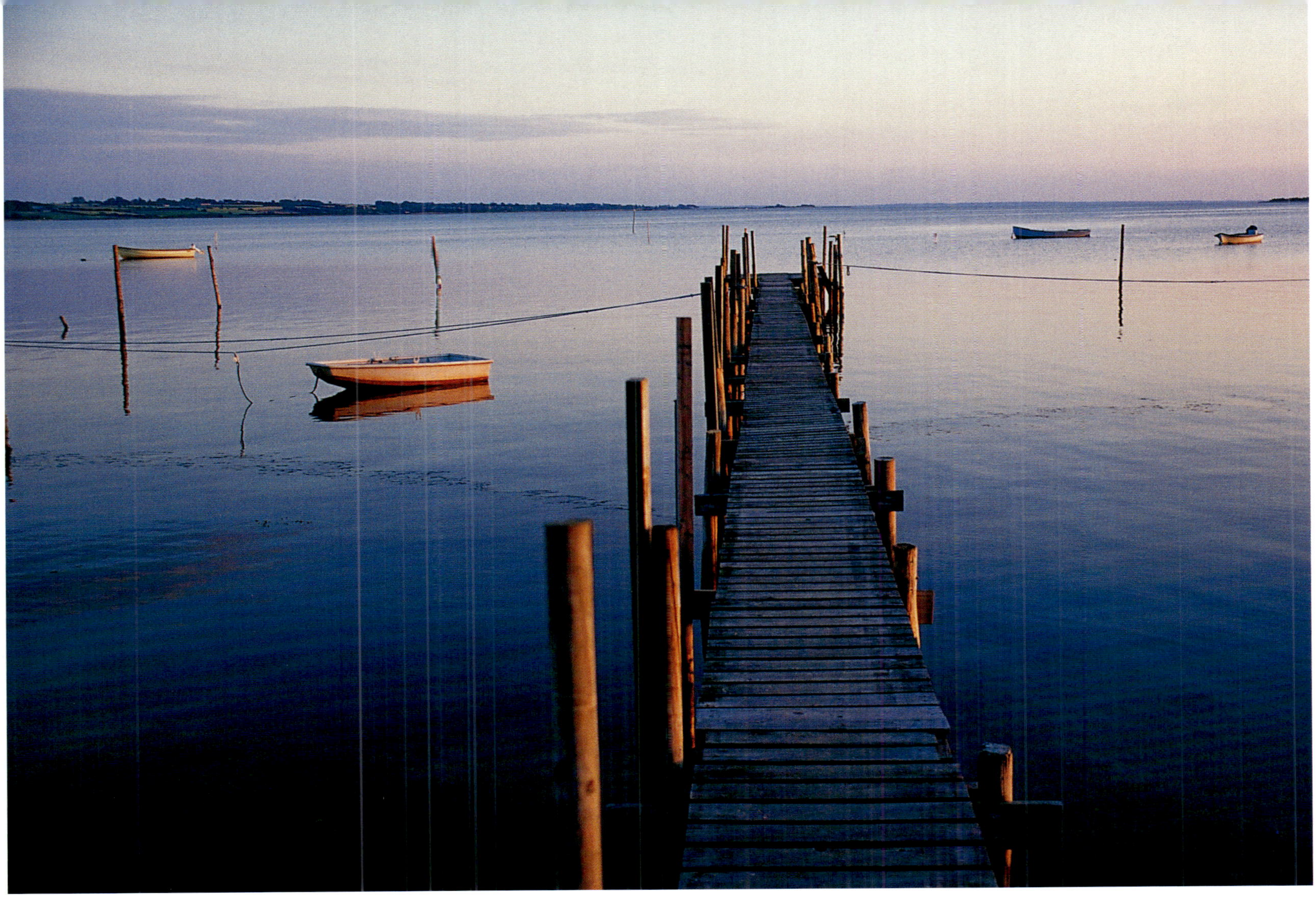

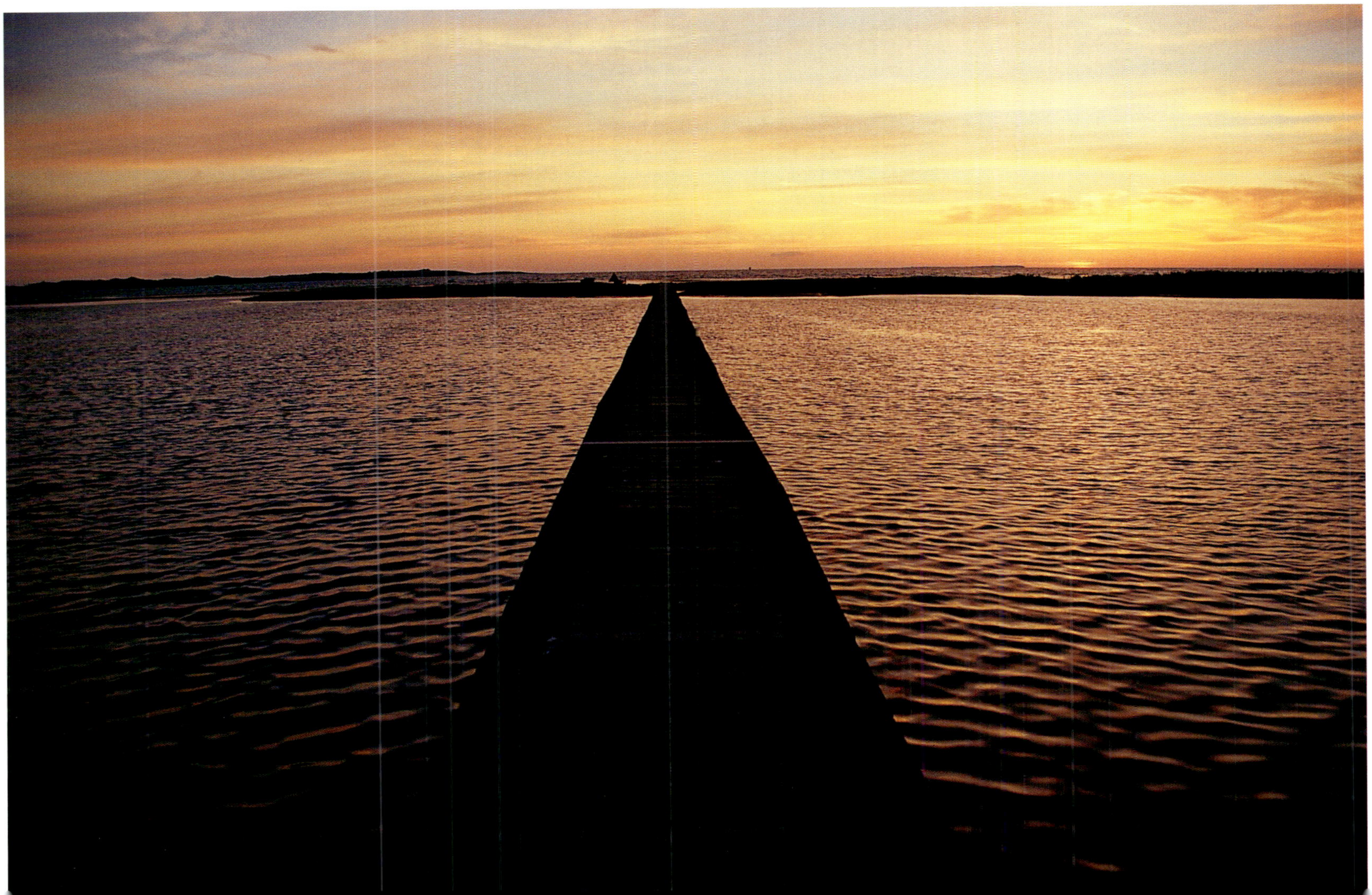

Oben:
Wie eine Puppenstube
wirkt das Hans-Christian-
Andersen-Museum
mitten in den geschäftigen
Straßen von Odense.
Was heute niedlich und
aufgeräumt aussieht, war
früher das Armenviertel
der Stadt: Aus diesem
Milieu wollte sich Hans
Christian Andersen sein
Leben lang lösen.

Rechts:
Als Andersen 1875 starb,
war er ein wohlhabender
Mann, der ein groß-
bürgerliches Leben hatte
führen können. Das
Ambiente im Andersen-
Museum sollte allerdings
nicht vergessen lassen,
dass Andersen dennoch
Zeit seines Lebens für
sozial Benachteiligte
Partei ergriffen hat.

Links:

Der Mads Lerches Gård, ein Bürgermeisterhof von 1601 in Nyborg auf Fünen, ist heute Sitz des Heimatmuseums Nyborg og Omegn Museum. Das architektonische Schmuckstück gehört zu einer ganzen Reihe von Fachwerkhäusern in der Nähe der Schlossanlage.

Unten:

Bis Kopenhagen im Jahr 1413 Residenzstadt wurde, war das Schloss Nyborg, an der Ostküste Fünens gelegen, ein wichtiger Faktor im politischen Ränkespiel des Landes. Was König, Adel und Kirche bei ihren jährlichen Treffen beschlossen, hatte Verfassungscharakter. Das Innere des Schlosses ist eher kärglich ausgestattet.

Unten:
Schloss Egeskov, das rund 25 Kilometer südöstlich von Odense liegt, gilt als eines der schönsten Renaissance-Wasserschlösser Europas. Ihr heutiges Aussehen erhielt

die Anlage um 1554. Der gepflegte Außenbereich, unter anderem mit einem Bambus-Irrgarten, erinnert in seinen Mustern an die Gartenbaukunst der französischen Könige.

Rechts oben:
Einer der ungewöhnlichsten Sakralbauten Dänemarks ist die Horne Kirke: Ihr »Kern« ist eine von sieben Rundkirchen des Landes, von denen vier in Bornholm

zu finden sind. Eine Reihe von Anbauten und Türmen, die über Jahrhunderte entstanden, verleihen ihr heute das eigenwillige Aussehen.

Rechts Mitte:
Ursprünglich hatte Christian IV. das 1639 bis 1644 erbaute Schloss Valdemar Slot für seinen Sohn Valdemar Christian geplant. Die Anlage auf Tåsinge ging 1677 aber in

den Besitz von Admiral Niels Juel über. Unter der Regie seines Enkels entstand 1754 bis 1756 die prachtvolle Barockanlage, die heute in weiten Teilen öffentlich zugänglich ist.

Rechts unten:
Die Kirche von Gudme auf Fünen. Ihre übergroßen Dimensionen, zahlreiche archäologische Funde aus der Römerzeit und rund 2000 Gräber aus der Zeit zwischen 100 und 400 nach Christus lassen vermuten, dass das Dorf früher von weitaus größerer Bedeutung war.

Die traditionsreiche
Handel- und Seefahrer-
stadt Faaborg im Süd-
westen Fünens verdankt
ihr heutiges schmuckes
Aussehen der glücklichen
Tatsache, dass der
große Stadtbrand von
1728 einige Viertel ganz
verschonte. Faaborg
ist heute lebenswichtiger
Fährhafen für die kleinen
Inseln Avernakø, Bjørnø
und Lyø.

Die berühmteste historische
Person Langelands ist
zweifelsohne der Physiker
Hans Christian Ørsted,
der Entdecker des Elektro-
magnetismus. Mit einer
Statue auf dem Marktplatz
von Rudkøbing, der Haupt-
stadt Langelands, ehrt die
Insel ihren weltberühmten
Abkömmling, der hier 1777
zur Welt kam.

Weit geht der Blick über
die hügelige Bauern-
landschaft von Ærø.
Die 88 Quadratkilometer
große Insel schließt die
Dänische Südsee nach
Südwesten hin ab.
Ærø gilt als Dänemark en
miniature, bedient es
doch mit reetgedeckten
Häusern, kleinen Dörfcnen
und den frischen Farben
der Felder, Wälder und Ostsee auf wunderbare Art
und Weise Klischeevorstel-
lungen von Dänemark.

Die Altstadt von Ærøskøbing, der Insel-hauptstadt, präsentiert sich als ein lebendiges Museum aus dem 17. und 18. Jahrhundert: Malerische Häuschen, verwinkelte Kopfsteinpflastergassen, jede Menge Stockrosen und Menschen, deren Tempo zwei Gänge unter dem heute üblichen liegt, verleihen dem Ort eine faszinierende Gelassenheit.

Kleine Bilder rechts:

Die gepflegten Fachwerk-
häuser Ærøskøbings aus
dem 17. und 18. Jahrhun-
dert sind jedes für sich
ein Schmuckkästlein. Mit
etwas Sinn für das Detail
wird jeder Stadtbummel zu
einer längeren Wanderung
durch die Architektur-
geschichte einer Zeit, in der
Seefahrer und Kaufleute
für großen Wohlstand auf
der Insel sorgten. Ganz an
der Peripherie Dänemarks
gelegen, ist das malerische
Eiland heute wirtschaftlich
weit weniger potent.

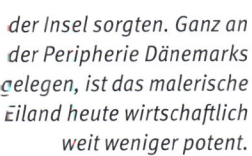

KAUFMANN, KIRCHE, KRO – DAS LEBEN AUF DEN KLEININSELN FOLGT EIGENEN REGELN

Sie heißen Lyø, Bjørnø oder Mandø, sie liegen alle in Sichtweite des Festlandes und sind doch ein geschlossenes Universum für sich – die kleinsten der rund 100 bewohnten Inseln Dänemarks, die wie kleine bunte Tupfer den innerdänischen Gewässern den Charakter eines überschaubaren Binnenmeeres verleihen. Wer hier lebt, muss hier geboren sein oder die Intimität einer kleinen, geschlossenen Gemeinschaft suchen, die oft aus nicht mehr als siebzig, achtzig Nachbarn besteht. Er muss damit leben können, dass der Fahrplan der Fähre zum Festland den Tagesablauf bestimmt und nicht das launenhafte Ego. Dabei geht es noch nicht mal um den vielleicht täglichen Weg zum Arbeitsplatz und zurück, es geht um die Zeitung, das Brot, den Wein. Es geht um die Besucher, die meistens zu Fuß oder mit dem Fahrrad kommen, um für ein paar Stunden ein längst verloren geglaubtes Idyll in allernächster Umgebung zu genießen – und trotz aller Anmut der dörflichen Eilande am Abend froh sind, in ein in ihrem Sinne selbstbestimmtes Leben zurückkehren zu können.

Ohne diese Fähren wären Dänemarks Kleininseln zum Sterben verurteilt, und so nimmt es nicht Wunder, dass alle Entscheidungen, die das Lebensband zum Festland betreffen, ein Politikum ersten Ranges sind. Schon eine Abfahrt weniger am Tag kann den Alltagsablauf eines ganzen Dorfes durcheinander bringen – und kaum ein Besucher ahnt, dass er mit seinem Inselausflug einen wichtigen Beitrag zur äußerst sensiblen Ökonomie der Fährgesellschaften leistet. Denn auch wenn der dänische Staat großen Wert auf die Erhaltung der landestypischen Inselgemeinschaften legt, wird das Prinzip der Wirtschaftlichkeit zwar großzügiger ausgelegt, aber nicht aufgehoben. Das betrifft uneingeschränkt alle Lebensbereiche, allerdings nicht mehr ganz so dramatisch wie früher, als die drei Ks – Kaufmann, Kirche und Kro (»Gasthaus«) – als unerlässlich für eine trag- und funktionsfähige Lebensgemeinschaft galten: Manch ein Eiland teilt sich heute seinen Pfarrer friedlich mit der Nachbarinsel, ohne dass die Seelen der Insulaner Schaden nehmen. Schwieriger wird's, wenn der Kaufmann passen muss, und so ist es für die Inselbewohner eine Selbstverständlichkeit, zumindest einen Teil der benötigten Waren nicht im billigen Supermarkt auf dem Festland, sondern beim inseleigenen Kaufmann zu erstehen.

De danske småøer – gemeinsam stark

Frei nach dem Motto »Gemeinsam sind wir stark« haben sich 27 der dänischen Kleinstinseln zum Verband »De danske småøer« zusammengeschlossen, der ihnen gegenüber dem dänischen Parlament oder den Brüsseler EU-Gremien, die über lebensnotwendige Fördermittel entscheiden, eine lautere Stimme verleiht. Doch trotz vieler gemeinsamer Probleme und Anforderungen, hat jede Insel ihre ganz eigene Geschichte und Perspektive. Die meisten Kleininseln liegen in der sogenannten »Dänischen Südsee« im Dreieck zwischen den ungleich größeren Schwestern Fünen, Ærø und Langeland. Von der Beschaulichkeit in diesem vor allem bei Seglern populären Revier ist zum Beispiel auf Mandø nur wenig zu merken. Der Kampf gegen die Naturgewalten der Nordsee ist für das 60-Seelen-Eiland, das nur bei Ebbe mit hochrädrigen Karren vom Festland aus erreicht werden kann, mindestens ebenso eine Herausforderung wie die Sicherung einer intakten Inselgemeinschaft.

Gerade mal fünf Minuten benötigt die Fähre, um vom Festland auf die Insel Fur im Limfjord überzusetzen – lange genug, um Fur zu einem dünn besiedelten Reservat inmitten des Landes zu machen. Eine weitere geografische Ausnahme unter den Kleininseln ist Anholt, mitten im Kattegat zwischen Dänemark und Schweden gelegen. Zweieinhalb Stunden Hochsee-Fährfahrt von Grenaa entfernt, fühlen sich die Anholter eher als exotischer Außenposten ihres Landes, der sich aufgrund seiner exponierten Lage, herrlicher Sandstrände und einer Marina zu einem touristischen Anziehungspunkt entwickelt hat. Doch die relative Betriebsamkeit der Segler und Campinggäste nimmt schnell wieder ab, wenn sich der August dem Ende zuneigt – und die Bewohner wieder unter sich sind, so wie auf den anderen Inseln. Beim Kaufmann, in der Kirche und natürlich im Kro.

Links:
Viele Inselbewohner schlagen sich als kleine Erwerbsfischer durch – ihre Nachbarn sind zugleich ihre direkten Abnehmer.

Oben:
Mit Ausnahme von Mandø liegen heute alle bewohnten Kleininseln Dänemarks in der Ostsee beziehungsweise im Limfjord. Fast alle Haushalte verfügen über ein eigenes kleines Boot.

**Bilder rechts,
von oben nach unten:**
*Man kennt sich an Bord
der kleinen Inselfähren,
die für ihre Überfahrten
mal fünf Minuten, mal
zweieinhalb Stunden
benötigen.*

*Die Fähre kommt! Der Takt
des Fährschifffahrplans
bestimmt auf natürliche
Art den Lebensrhythmus
der Inselbewohner.*

*Das Auto kann getrost
an Land bleiben: Auf
vielen der Eilande ist man
ganz auf Tagesausflügler
eingestellt, die sich
problemlos ein Fahrrad
leihen können, um
die Insel zu erkunden.*

*Sanft wellt sich die Land-
schaft der Inseln in der
Dänischen Südsee. Nach
normalen EU-Maßstäben
gemessen, könnte kaum
einer der hier ansässigen
Landwirte aus eigener
Kraft überleben.*

Rechts:
Bei der Hafenausfahrt aus Søby. Die kleine Stadt im Nordwesten von Ærø ist neben Marstall und Ærøskøbing die dritte Hafenstadt der Insel, die regelmäßig von Fähr-schiffen angelaufen wird.

Unten links:
Der Strand von Marstall gehört zu den beliebtesten Badeplätzen auf Ærø. Alle Strände auf Ærø haben übrigens die blaue Flagge für beste Wasserqualität.

Unten rechts:
Die Dänische Südsee, wie die Gewässer südlich von Fünen genannt werden, gehört zu den attraktivsten Segelrevieren der Ostsee. Die oft engen Sunde und Passagen stellen auch an erfahrene Skipper hohe Anforderungen.

Oben:
Dicht an dicht drängen
sich die Segelschiffe
im Hafen von Lohals.
Während der Sommer-
monate verrät ein großes
Stimmengewirr, dass
hier neben einheimischen
Skippern auch viele
Segler aus Deutschland,
Schweden und Norwegen
vor Anker gegangen sind.

Links:
Im Hafen von Svendborg,
der zweitgrößten Stadt
Fünens. Einer ihrer
bekanntesten Bürger,
Arnold Peter Møller,
gründete die Reederei
Mærsk, die heute größte
Privatreederei der Welt.
Die Attraktion des Hafens
ist das Motorschiff
MS Helge aus dem
Jahr 1924, das während
der Sommermonate im
Linienverkehr nach Thurø
und Tåsinge schippert.

85

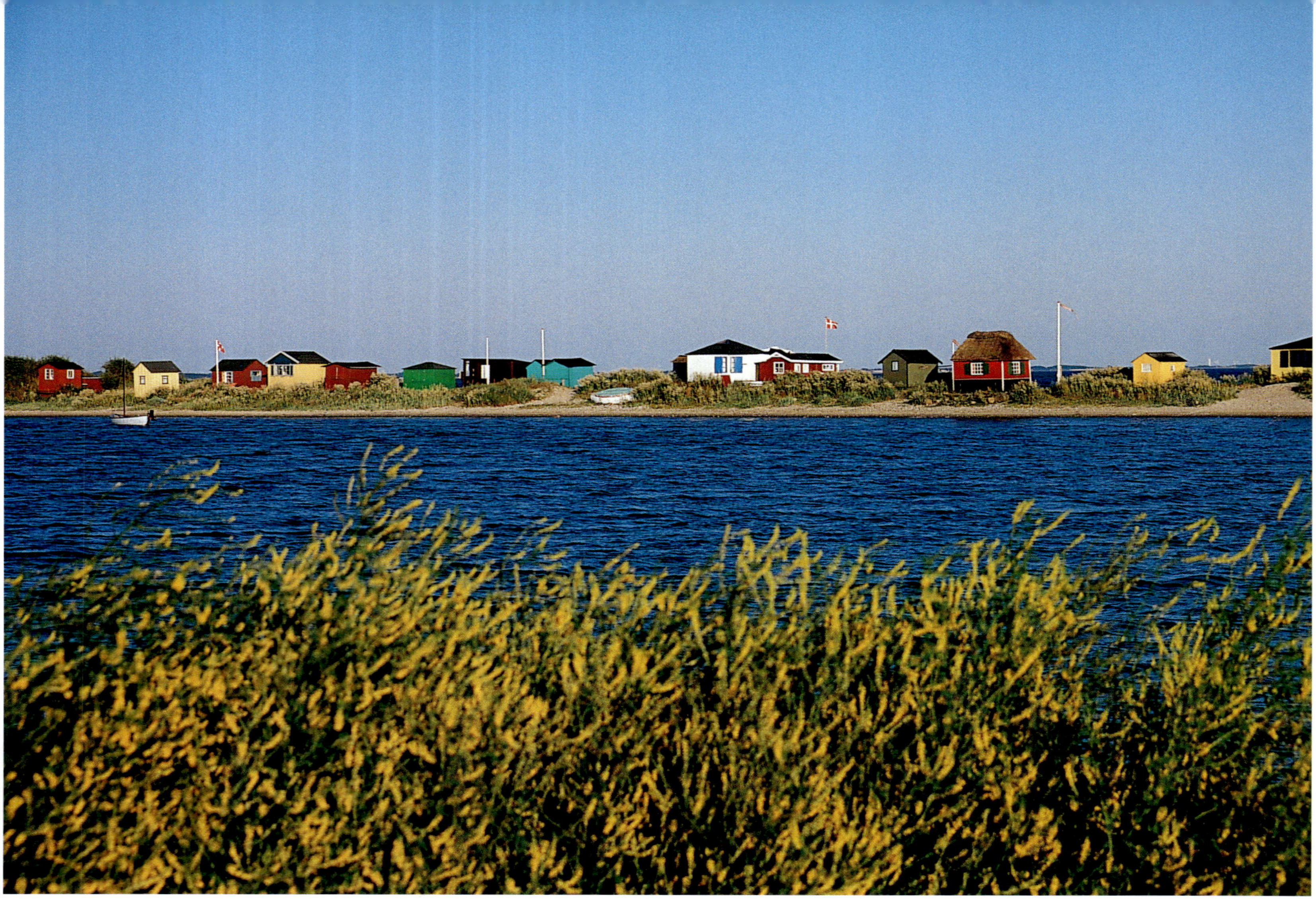

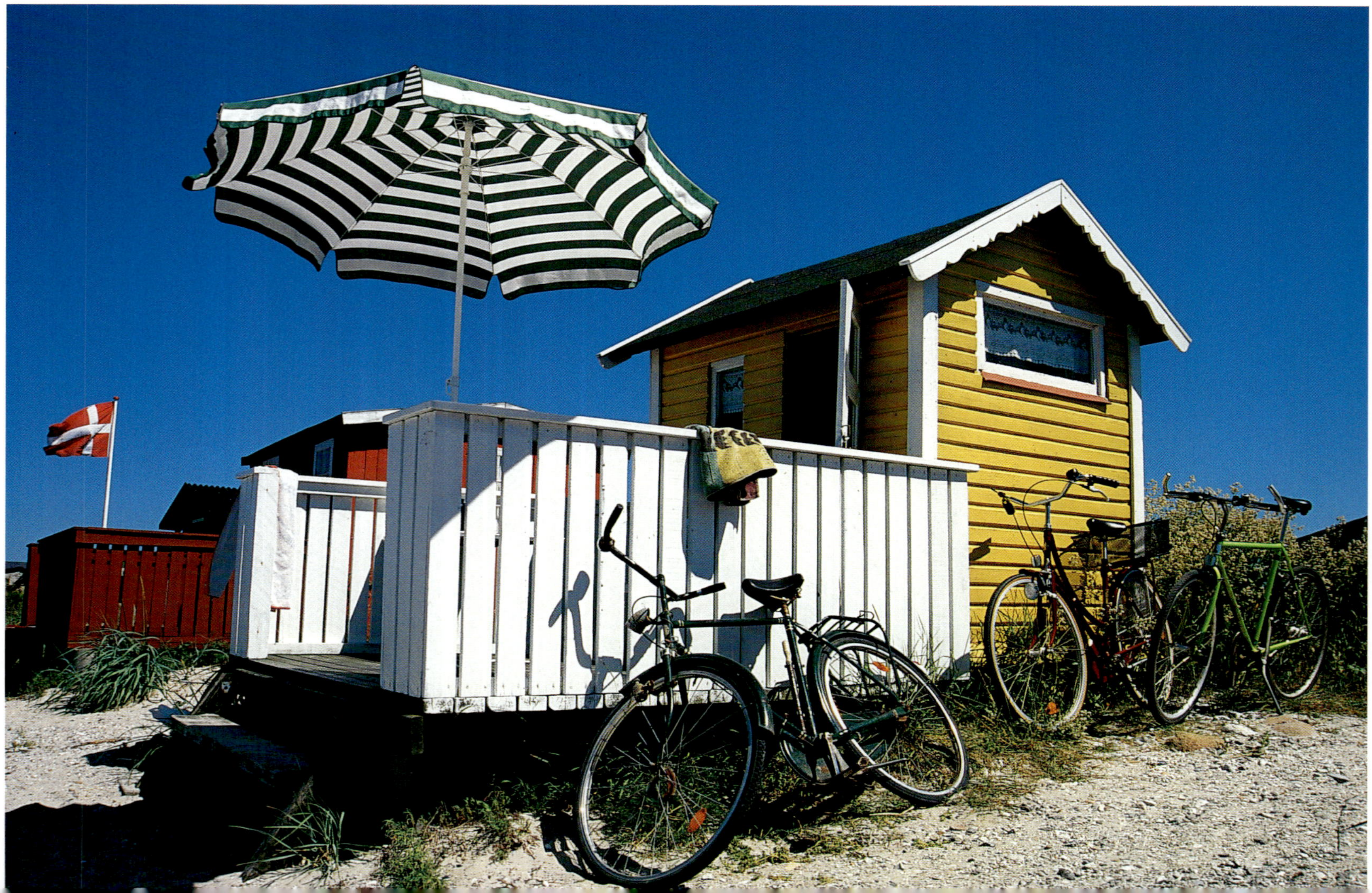

Links:

Dicht an dicht reihen sich
die Badehäuschen am
Strand von Marstall auf
Ærø. Sie befinden sich alle
in Privatbesitz und werden

seit Generationen an
die Nachkommen weiter-
gereicht. Während der
Sommermonate herrscht
hier ein reges Treiben.

Kleine Bilder:

Sie sind Symbole für
Dänemarks Freizeitkultur:
Die bunten Badehäuschen,
die oft illegal entstanden
sind und vom Abriss
bedroht waren. Heute sind
sie fester Bestandteil des
Insellebens auf Ærø.

Liebevoll werden auch
die Fenster dekoriert.
Der Strand rings um die
längliche Insel verliert sich
so sanft in den Wellen der
Ostsee, dass hier vor allem
Familien mit Kindern ein
Badeparadies vorfinden.

Links:
Eine perfekte dänische
Sommeridylle: Klein,
gemütlich, überschaubar
und farbenfroh. Die meisten

dieser Badehäuschen
auf Ærø sind auf der
Halbinsel Urehoved zu
finden, ganz in der Nähe
von Ærøskøbing.

Jütland–rau und herzlich

Das Freilichtmuseum Den Gamle By beherbergt rund 75 Gebäude aus der Zeit vom Ende des 16. Jahrhunderts bis zum Anfang des 20. Jahrhunderts. Auch das Innere der Gebäude ist im Stile der Jahre ausgestattet, aus der sie stammen, zum Beispiel ein alter Kaufladen.

Die Ausrichtung der Bäume zeigt deutlich, woher in Jütland der Wind weht – vom »Vesterhav«, dem Westmeer, wie die Dänen die Nordsee nennen. Wind, Wellen und das Spiel der Gezeiten geben der dänischen Nordseeküste ihr unverwechselbares Gepräge: kilometerbreite Strände auf den Wattenmeerinseln Rømø, Mandø und Fanø, weitläufige Dünenlandschaften entlang der gesamten Westküste, weite Buchten von Hanstholm bis nach Grenen, wo Nord- und Ostsee deutlich sichtbar aneinanderstoßen.

Bis zur Mitte des 19. Jahrhunderts war der Westen Jütlands kaum erschlossen, zu rau waren die Lebensbedingungen im Hinterland der Nordsee. In Zeiten von Internet und Handy dagegen ist die dänische Nordseeküste mit ihren zahllosen Ferienhäusern bei Urlaubern aus ganz Europa zum Synonym für Ruhe und naturnahe Entspannung geworden.

Wie gegensätzlich zur windzerzausten Schönheit der Westküste zeigt sich die hügelige Moränenlandschaft Ostjütlands. Sichtbarster Ausdruck von Wohlstand und Kultur sind neben den ländlichen Gutshöfen die zahlreichen Handelsstädte: Ganz im Inneren der nach ihnen benannten Förden gelegen, reihen sich Aabenraa, Haderslev, Kolding, Vejle, Horsens, Århus und Randers in kurzen Abständen aneinander.

Dass auch in Dänemark alles relativ ist, beweisen Yding Skovhøj und Ejer Bavnehøj: Mit 173 beziehungsweise 171 Metern Höhe über dem Meeresspiegel erheben sie sich als höchste »Gipfel« des Landes über die tiefen Wälder und Wasser der nordisch anmutenden Seenplatte rings um Silkeborg. Als die »Spitze Dänemarks« gilt allerdings die weich geschwungene Landschaft Vendsyssels, die durch den weitverzweigten, stillen Limfjord vom Festland getrennt ist. An seiner schmalsten Stelle bildet Aalborg, die viertgrößte Stadt des Landes, die geschäftige Brücke zwischen beiden Landesteilen.

Nach stürmischen Tagen
bleiben am Nordseestrand
oft Algenreste zurück,
die der Wind in rasendem
Tempo über den Sand
wirbelt. Wie hier bei Hirts-
ha's pressen dann die
Nordwestwinde das offene
Meer gegen das Land. Wer
Sinn für die raue Frische
der Nordsee hat, findet
hier auch im Herbst und
Winter schnell Erholung.

Das südliche Ende des
Ringkøbing Fjords
versandet zunehmend,
dennoch wird im größten
Haff Westjütlands noch
erfolgreich gefischt.
Früher bestand hier bei
Nymindegab eine direkte
Verbindung zwischen dem
Fjord und der Nordsee.
Heute regelt eine Schleuse
bei Hvide Sande den
Wasserzu- und -ablauf.

Oben:
Blühende Dünenland-
schaft bei Hanstholm.
Die Kraft der Nordsee ist
so stark, dass selbst die
trostlosen Bunkerhinter-
lassenschaften der
deutschen Besatzer aus
dem Zweiten Weltkrieg
im Sand verschwinden.

Rechts:
Rund 680 Grabstellen von
der Eisen- bis zur Wikingerzeit sind im Stadtgebiet
von Aalborg, nördlich des
Limfjords in Lindholm
Høje nachgewiesen. Am
eindrucksvollsten sind
die Steinsetzungen in
Schiffsform, die vor rund
1000 Jahren entstanden.
Ein informatives Museum
am Rand der weitläufigen
Anlage bietet spannende
Einblicke in die wechsel-
volle Geschichte der An-
höhe und ihrer Bewohner.

Links:
Die bis zu 137 Meter hohen Mols Bjerge nordöstlich von Århus gehören zu den ungewöhnlichsten Naturerscheinungen Jütlands. Historischer Zeuge der Steinzeit ist das Dolmengrab Poskær Stenhus in der Nähe des kleinen Dörfchens Knebel.

Unten links und rechts:
Die Runensteine von Jelling gelten als »Taufurkunde« des dänischen Königreichs. Harald Blauzahn (circa 945–985) hatte erfolgreich die Kleinkönigreiche des Landes zu einem Machtbereich zusammengeführt. Die Darstellung des Christus (links) verweist darauf, dass Harald Blauzahn die Dänen zu Christen gemacht hatte.

Unten:

Die Slotsgade, die Schlossstraße in Møgeltønder gilt als die schönste Dorfstraße Dänemarks. Die meisten der reetgedeckten Erkerhäuser im friesischen Stil entstanden wie die kopfsteingepflasterte

Lindenallee Mitte des 18. Jahrhunderts. Seinen Wohlstand verdankt das nahe der deutschen Grenze gelegene Städtchen Schloss Schackenborg, mit früher rund 1000 Hektar Land einem der größten Güter Dänemarks.

Rechts:

Heute ist Schloss Schackenborg, das ursprünglich eine bischöfliche Burg war, Wohnsitz Prinz Joachims und seiner Frau Marie. Den Glanz der nichtöffentlichen Schlossanlage verdankt das dänische Königshaus einer Volkssammlung.

Links:

Typisch für die Marsch-
landschaft beiderseits
der Grenze sind die reet-
gedeckten Friesenhäuser,
die allerdings längst nicht
alle so gut erhalten sind
wie dieses in Møgeltønder.

Unten:

Gemütliches Zentrum der
südjütlär dischen Marsch-
landschaft ist Tønder.
Der gut erhaltene Kern der
alten Harde'sstadt lädt zu
einem Bummel durch ihre

lebhafte Geschichte
ein, die geprägt ist von
der Spitzenklöppelei im
17. und 18. Jahrhundert.
Der damalige Reichtum
Tønders ist in vielen
Details bis heute sichtbar.

Ober:

Im Zuge des royalen
Tourismus in Møgeltønder
ist der Wohlstand des
Städtchens deutlich

sichtbar geworden: Eine
zahlungskräftige Kund-
schaft mit Sinn für die Welt
der schönen Dinge ist
gerne gesehen.

FEINE DEFTIGE GENÜSSE – DÄNEMARKS KÜCHE IST NACHHALTIGE SÜNDEN WERT

Wer Kalorien zählt oder nur der Haute Cuisine frönt, wird zu den kulinarischen Eigenarten des Landes ein kompliziertes Verhältnis bekommen. Wer aber Spaß hat an deftiger, authentischer Küche, die sich ausgiebig heimischer Rohwaren bedient, kann in Dänemark durchaus Glücksgefühle erleben und Burger & Co. links liegen lassen. Ausnahmen bestätigen bekanntlich die Regel: Der »Risted Hotdog«, die dänische Variante der Wurst im Brot, findet selbst bei bekennenden Fast-Food-Gegnern viele Freunde.

Auf den Tisch kommt, was die intensive Landwirtschaft und das Meer hergeben: Rind-, Schweine- und Lammfleisch, Wurst und Käse in allen denkbaren Variationen, Kartoffeln und Gemüse und natürlich jede Menge Fisch – frisch, getrocknet, geräuchert, paniert und eingelegt. Ein Genuss für Augen und Gaumen ist das »Smørrebrød«, die wohl weltweit kunstvollste Variante eines Butterbrots: Liebevoll werden auf einer kleinen Scheibe Brot unterschiedlichste Zutaten und Garnitur so geschickt drapiert, dass es geschmacklich wie optisch ein Fest ist. Trotz des wachsenden Einflusses der internationalen gastronomischen Konkurrenz können sich vor allem in Kopenhagen immer noch kleine Geschäfte halten, die sich ausschließlich auf die Herstellung und den Verkauf der Brotkunstwerke spezialisiert haben. Die Sehnsucht der gehobenen Küche geht trotz aller Liebe zur Bodenständigkeit vor allem in Richtung Frankreich: Dänisch-französische Küche ist in der Gastronomie mittlerweile zum festen Begriff geworden.

Koldtbord und Gammel Dansk

Immer noch die beste Möglichkeit, sich einen ersten Überblick über die rustikale dänische Küche zu verschaffen, bietet traditionell »det store koldtbord«, das eher preiswerte große kalte Büfett – nur eine der zahlreichen Irreführungen aus dem Reich der Mahlzeiten, hat man als Gast doch auch die Auswahl aus mehreren warmen Gerichten. Vorspeisen sind Schalentiere und in verschiedensten Variationen eingelegte Heringe. Lachs und Räucherfisch, aber ebenso jede Menge Wurst, Schinken und Geflügel bilden die Brücke zu warmen Fisch- und Fleischgerichten, die im Regelfall von kompetenter Hand frisch portioniert werden. Nicht selten ein Höhepunkt sind die unterschiedlichsten Puddings, Cremes, Kuchen und Eissorten, die Obst und Käse dann keine Chance mehr lassen. Als flüssige Begleiter dieser nicht gerade kalorienarmen Reise durch Dänemarks

Küche werden Øl und Snaps, Bier und Schnaps, serviert. Es muss aber kein Tuborg oder Carlsberg sein – viele kleinere, lokale Brauereien können mit ihren wohlschmeckenden Bierkreationen geschmacklich mindestens genauso überzeugen. Die Snaps-Frage dagegen ist eindeutig geklärt: Mit Abstand die populärsten Spirituosen sind die Kümmelschnäpse »Rød Aalborg« und »Aalborg Jubilæum«. Nur der »Gammel Dansk«, ein beim ersten Schluck gewöhnungsbedürftiger Kräuterbitter, wird in gleichem Maße goutiert.

Für die kleine Mahlzeit zwischendurch empfiehlt sich der Besuch beim Bäcker: Mehrmals täglich kommen frisches Brot und »rundstykker« (Brötchen) direkt auf den Ladentisch. Gefährlich, weil süß und verlockend, sind »Wienerbrød« und »kransekage«, Blätterteigteilchen und Kuchen mit den unterschiedlichsten Füllungen.

Wer in Dänemark zum Essen ins Restaurant geht, tut gut daran, vorher einen Blick auf die Preise zu werfen – nicht jedes Haus, das auf den ersten Blick teuer aussieht, ist es auch; dagegen können selbst unscheinbar wirkende Restaurants vor allem in den Städten tiefe Löcher in die Reisekasse reißen. Ein reelles Preis-Leistungs-Verhältnis bieten in der Regel die Kroer, die für Dänemark so typischen Landgasthöfe, die entlang der Hauptverkehrsstraßen überall im Land zu finden sind: Viele von ihnen dienen schon seit Hunderten von Jahren als Wirtshaus und Herberge, und entsprechend gemütlich ist oft das Interieur. Wer hier – sprachlich durchaus verwirrend – zum »Frokost«, dem Mittagessen, oder dem »Middag«, dem Abendessen einkehrt, kann sich auf eine grundsolide dänische Küche freuen. Immer wieder eine Überraschung ist das ungewöhnlich große, qualitativ ansprechende Angebot an Rotweinen, das die Absatzzahlen der Brauereien stagnieren lässt: Vor allem französische Tropfen finden den Weg selbst in entlegenste Gaststuben.

Links:
Dänemarks Tauben und Spatzen lieben die »Pølservogn«, die Wurstwagen in den Städten: Wer einen »Risted Hotdog« mit Brot, Wurst, Senf, *Remoulade, süßen Gurkenscheiben, Röst- und frischen Zwiebeln bestellt, wird diesen kaum bewältigen, ohne dabei etwas aus dem Handpapier fallen zu lassen.*

Oben:
Frisch aus dem Meer an die frische Luft. Nicht nur Kabeljau ist luftgetrocknet eine Delikatesse, auch Schollen sind eine Spezialität.

Rechts oben:
Wer möchte hier nicht einkehren? Der freundliche Kellner, der zur Einkehr in den Kro von Dunkær einlädt, steht beispielhaft für die herzliche Gastfreundschaft der oft jahrhundertealten Gasthöfe.

Rechts Mitte:
Das Smørrebrød – ein solch geschickt drapiertes kulinarisches Kunstwerk in direkter Übersetzung als Butterbrot zu bezeichnen, wäre viel zu kurz gegriffen.

Rechts:
Im Hafen von Skagen dreht sich alles um Fisch. Die Frische der hier angelandeten Ware ist unübertroffen, und was nicht in den Handel geht, wird gleich nebenan schmackhaft serviert.

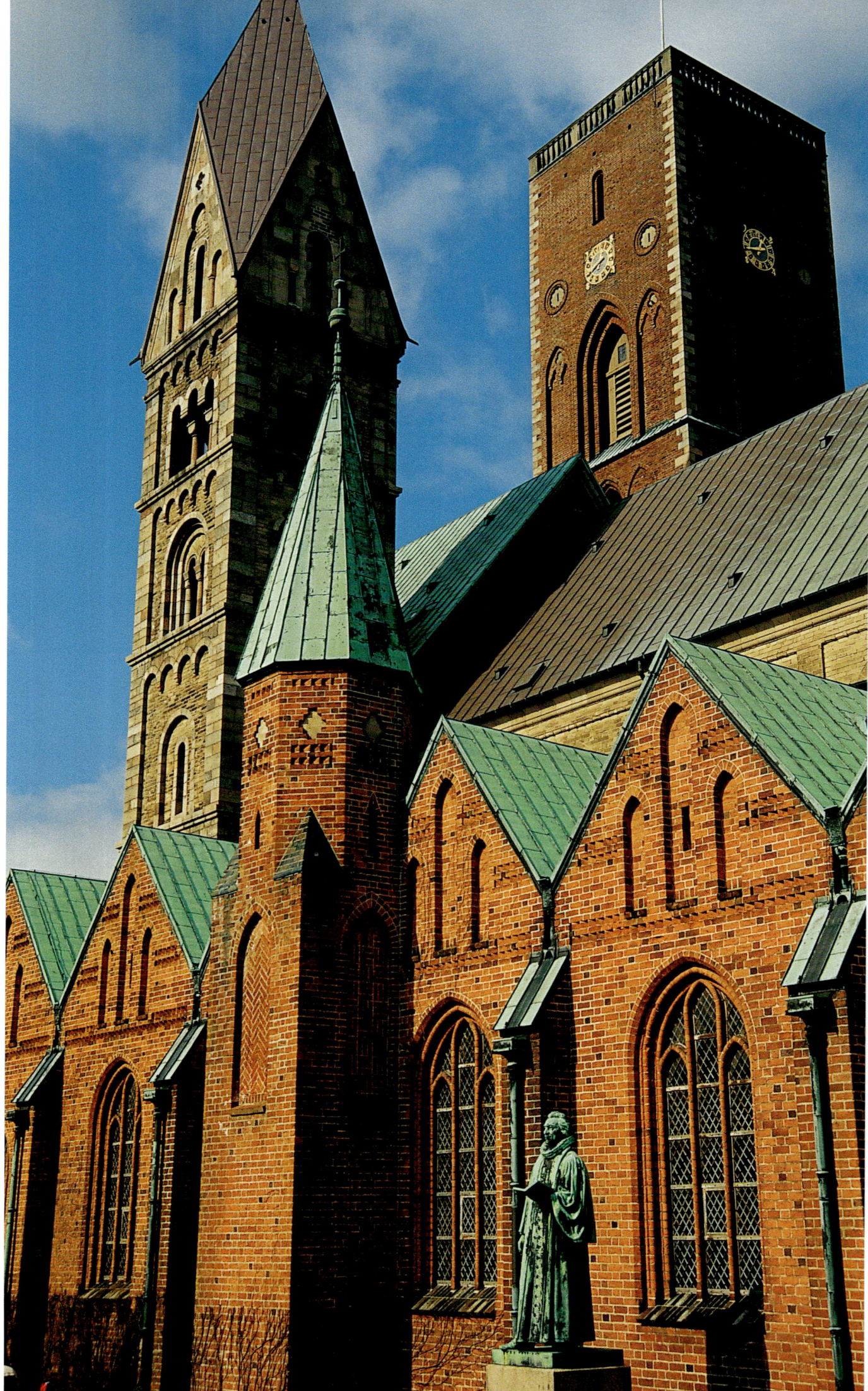

Der Dom von Ribe gilt als bedeutendstes sakrales Bauwerk Jütlands. Er wurde zwischen 1134 und 1225 als dreischiffige Basilika errichtet, sein romanischer Kern weist viele Parallelen zu den spätromanischen Sakralbauten des Rheinlands auf. Von der Spitze des klotzig wirkenden Bürgerturms aus dem 14. Jahrhundert hat man eine fantastische Rundsicht auf das weite Marschland.

Eifeltuffstein aus Andernach und Wesersandstein aus der Gegend um die Porta Westfalica wurden zum Bau des romanischen Inneren der Domkirche von Ribe verwendet. Dennoch weist der Dom von Ribe durch Veränderungen und Ausbauten auch Elemente der Gotik, der Renaissance und des Barock auf.

Bis 1970 gehörte die Møgeltønder Kirke noch zu Schloss Schackenborg, was ihre überdurchschnittlich reichhaltige Ausstattung erklärt. Ihr Turm, dessen Uhr aus dem Jahr 1663 nur einen Stundenzeiger hat, diente Seefahrern viele Jahre als feste Landmarke.

Rechts:
Die Kleinstadt Højer
ganz im Südwesten
Jütlands liegt auf einem
Sandplateau wie auf
einer natürlichen Warft
über dem Marschland.
Ihren früheren Reichtum
erkennt man nicht zuletzt
an den gut erhaltenen
reetgedeckten Friesen-
häusern mit schönen Türen.

Unten:
Mitten im Zentrum von
Højer liegt die größte
Mühle Nordeuropas,
die im holländischem
Stil erbaut wurde. Heute
ist hier neben dem
Fremdenverkehrsamt
das Mühlen- und Marsch-
museum untergebracht.

Links:

Wie kaum eine andere Stadt des Landes konnte Ribe sein spätmittelalterliches Aussehen bis in die heutige Zeit bewahren. Mit viel Geschick haben es die Stadtoberen verstanden, die architektonischen Hinterlassenschaften in ein lebendiges Gemeinwesen einzubinden.

Unten:

Wer in den Sommermonaten die westjütische Stadt Ringkøbing besucht, begibt sich zur dunklen Stunde in den Schutz der Nachtwächter, die hier wie anno dazumal ihre Runden ziehen.

Bis in das 16. Jahrhundert zurück reichen die städtebaulichen Spuren in Dänemarks größtem Freilichtmuseum, »Den Gamle By« in Århus. »Die alte Stadt« besteht aus 75 Gebäuden aus ganz Dänemark, die vom Abriss bedroht waren und seit 1912 in der zweitgrößten Stadt des Landes, Århus, wieder zu neuem Glanz gekommen sind. In zahlreichen Spezialsammlungen sind altes Spielzeug, Porzellan und historische Kleidung zu sehen.

In den Häusern des
Freilichtmuseums
Den Gamle By wird das
Leben zu früheren Zeiten
demonstriert. Ein ganz
besonderes Erlebnis sind
Opern- und Theaterauf-
führungen im früheren
Stadttheater von Helsingør.
Das komplette Gebäude
aus dem Jahr 1817 wurde
in den 1950er-Jahren
Stück für Stück nach Århus
transportiert, wo es
seitdem fester Bestandteil
der Kulturszene geworden
ist. In der warmen Jahres-
zeit sorgen sonntägliche
Promenadenkonzerte für
volkstümliche Stimmung.

Linke Seite:
Es gilt als Nordeuropas schönstes bürgerliches haus im Stil der niederländischen Renaissance: Das Jens Bangs Stenhus aus dem Jahr 1624, benannt nach seinem Erbauer, dem Reeder und Kaufmann Jens Bang, ist das Schmuckstück der Innenstadt von Aalborg. Es trägt deutlich Reichtum und Prunksucht der damaligen Kaufmannselite zur Schau.

Obwohl sie Nordjütlands Industriestandort und Dienstleistungszentrum Nummer eins ist, hat sich die 195 000 Einwohner zählende Großkommune Aalborg/Nørresundby viele beschauliche Nischen bewahrt. Legendär ist die Jomfrue Ane Gade, die bekannteste Kneipenstraße Dänemarks.

Aalborghus Schloss wurde von Christian III. zwischen 1529 und 1555 errichtet. Allerdings ist nur noch der Ostflügel im Original erhalten. Heute gehört es dem dänischen Staat und die Regionalregierung von Nordjütland hat hier ihren Sitz.

Eines der skurrilsten und zugleich anmutigsten Gebäude Dänemarks ist das Schneckenhaus, Sneglehuset, im Klitvej Nr. 9 der westjütischen Hafenstadt Thyborøn. Der verspielte Palast ist eine Liebeserklärung des Fischers und Thyborøner Originals Alfred Pedersen an seine Frau: Muscheln aus allen Meeren der Welt verzieren die Türme, Winkel und Mauern. Im Inneren des Schneckenhauses ist eine größere Sammlung von Flaschenschiffen zu bewundern.

Für immer im Hafen von Ebeltoft auf Djursland vor Anker gegangen ist die „Fregatten Jylland". Mit einer Länge von 71 Metern gilt sie als längstes Holzschiff der Welt. Insgesamt 1600 Eichen wurden für den Bau des 1862 vom Stapel gelaufenen Kriegsschiffes verwendet. Die Fregatte hat auch eine deutsche Geschichte – sie kam 1864 im Kampf um Helgoland zum Einsatz. Das fast verfallene Schiff restaurierten Freiwillige in mühevoller Detailarbeit. Das Museum der „Jylland" zeigt jede Stunde einen Film zur Geschichte der Fregatte von der Kiellegung 1857 über seine Kriegsteilnahme bis heute. Kinder und echte Seebären kommen im Sommer täglich auf ihre Kosten, wenn der hartgesottene Kommandant Rostrup zum Mitmachen bei einer fesselnden Kanonenshow einlädt.

Oben:
In Ermangelung eines richtigen Hafens werden in Nørre Vorupør im Westen von Thy die Fischkutter an Land gezogen und vor dem nächsten Fang wieder ins Wasser zurückgestoßen. Was auf Besucher einen ungemein pittoresken Eindruck macht, ist für die Fischer des Ortes allerdings eine arge Plackerei.

Rechts:
Frisch aus dem Meer in den Rauch: Der Fischereihafen von Hirtshals ist neben Esbjerg, Hvide Sande, Thorsminde, Thyborøn und Hanstholm der sechste entlang der gesamten Westküste Jütlands.

Das Trocknen, Flicken und Ordnen der Netze ist trotz modernster Fangtechnik bis heute unabdingbar für die Fischerei. Im Hafen von Hanstholm, der zugleich Fährhafen nach Norwegen, zu den Færøer-Inseln und nach Island ist, landet nicht nur die dänische Flotte ihre Fänge an. Auch Kutter anderer Länder verkaufen hier ihre Ladung.

Die Marina von Sæby, der alten Hafen- und Fischereistadt südlich von Frederikshavn, ist ein beliebter Anlaufpunkt für Segler aus den nordischen Nachbarländern. Schon die Wikinger nutzten den natürlichen Schutz der Flussmündung des Sæby Å.

111

Linke Seite:
Das nordjütländische Hirtshals ist Dänemarks »Tor nach Nordeuropa«. Von hier verkehren mehrmals täglich Fähren nach West- und Südnorwegen. Für Sicherheit am Hafen sorgt Hirtshals' Wahrzeichen: Der 1863 errichtete Leuchtturm strahlt 25 Seemeilen (46,3 Kilometer) weit hinaus.

Das freie Spiel von Wind und Wellen sorgt an der Spitze Jütlands für unvergleichliche Naturschauspiele. Eines des dramatischsten ist die Wanderung der über 90 Meter hohen Dünen von Rubjerg Knude ins Landesinnere. Der weiße Leuchtturm, der 1900 den Schiffen auf der Nordsee zum ersten Mal den Weg wies, musste seinen Betrieb 1968 einstellen, weil er durch die Höhe der Wanderdüne vom Meer aus nicht mehr zu sehen war.

Seite 114/115:
Sonne, blauer Himmel und der Strand – Nordjütland, das »Land des Lichts«, ist eine der beliebtesten Urlaubsregionen des Königreichs. Sogar in der Hochsaison findet jeder noch ein Plätzchen für sich in den weiten Dünenlandschaften. Mancherorts, wie hier in Blokhus, erinnern kleine Umkleidehäuschen noch an die Ferienfreuden vergangener Tage.

Leuchtend weiß erhebt sich der Turm der St. Marie Kirke über die malerische Altstadt von Sæby. In ihrem Inneren sind gotische Kalkmalereien und ein niederländisches Altarbild aus dem 16. Jahrhundert zu sehen.

Nur über einen Steg, der über den Frederik VII.-Kanal führt, erreicht man das Limfjordmuseum im Hafenstädtchen Løgstør. Das frühere Kanalwärterhäuschen beherbergt heute eine große Ausstellung über Handel, Fischerei und Schiffsverkehr der Region. Trotz offener Zugänge zu Nord- und Ostsee wird der Limfjord auf Grund seiner vielen Untiefen als durchgängige Wasserstraße nur selten genutzt.

Sæby und Umgebung gelten bis heute als stilles Urlaubsidyll. Diesen Ruf verdankt die 8000 Einwohner zählende Hafenstadt im Schatten des geschäftigen Frederikshavn Schriftstellern wie Henrik Ibsen oder Herman Bang (1857–1912), dessen impressionistischer Roman »Sommerfreuden« zu den Klassikern der dänischen Literatur zählt.

117

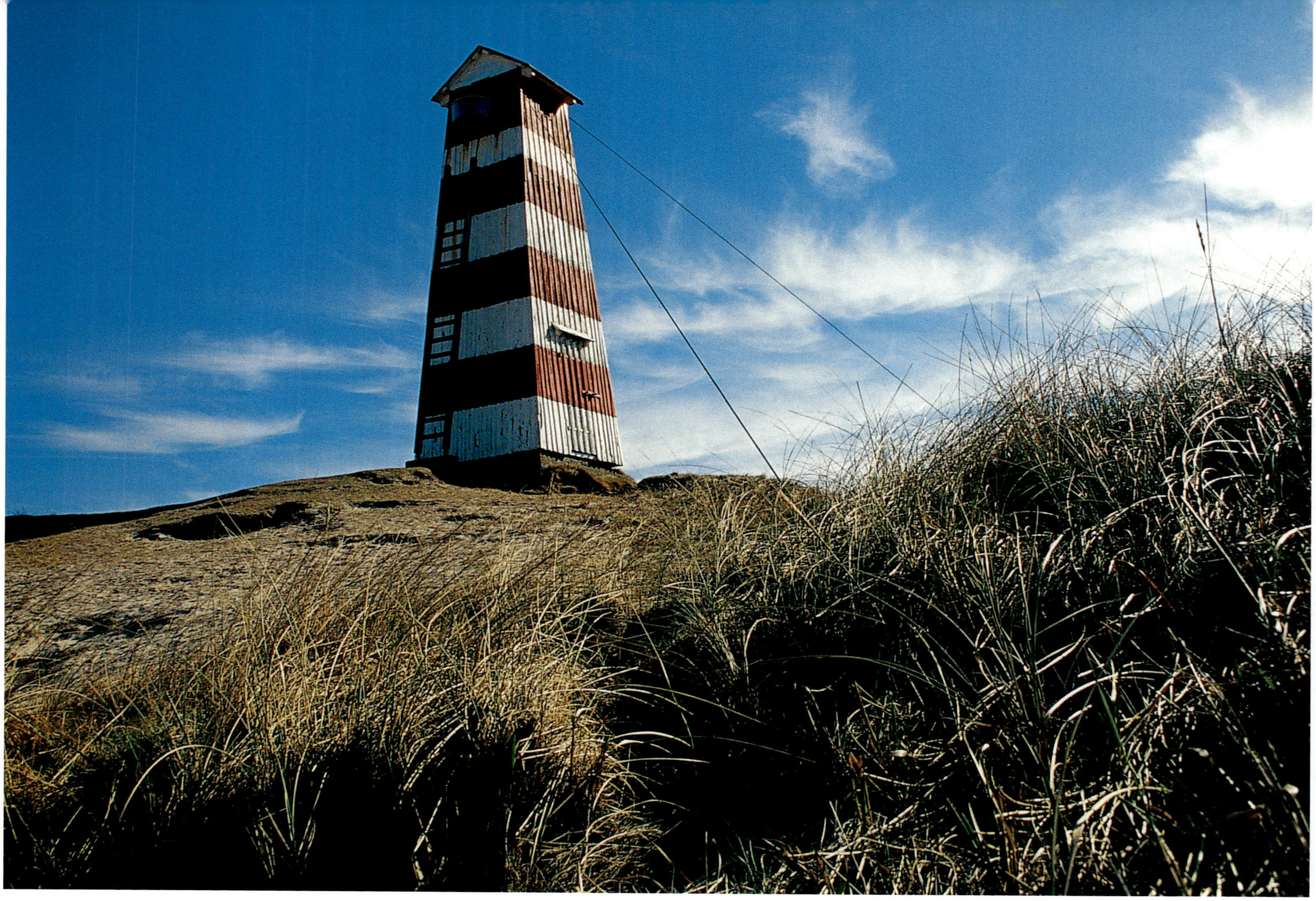

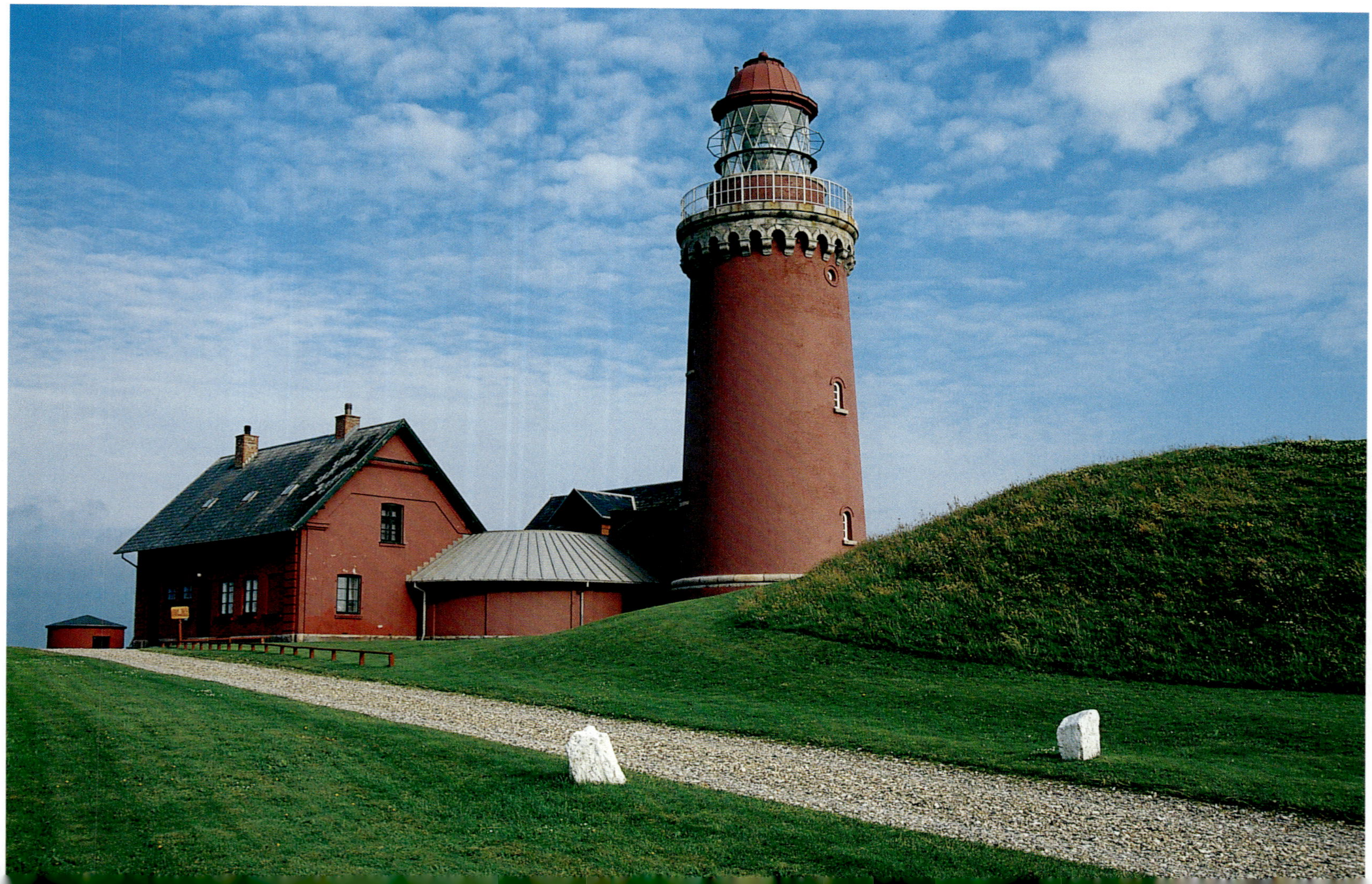

Links:

Rot-weiß gestreift, aber
eckig und nicht hoch
thront der Leuchtturm von
Nørre Vorupør über der
Fischersiedlung, in der
die Kutter mangels eines
Hafens mit Trecker- und
Windenhilfe an Land
gezogen werden.

Unten:

Die Rekonstruktion des
ersten Leuchtfeuers an
der dänischen Küste – sie
steht bei Grenen an der
Spitze Jütlands – erinnert
eher an einen Puszta-
Brunnen. Das Prinzip war
denkbar einfach: An einem
Hebelarm hängend wippte
ein Korb mit glühenden
Kohlen auf und nieder.

Unten:

Der Leuchtturm von
Hirtshals blickt auf eine
geschäftige Hafenstadt
hinunter, deren weit
beachtete Hauptattraktion
das Nordseemuseum ist.

Hier dreht sich alles
um das Leben unterhalb
der Wasseroberfläche.
Hirtshals ist Fährhafen
nach Norwegen: Kristian-
sand und Larvik werden
von hier direkt angelaufen.

Links:

Vom 26 Meter hohen Turm
des Bovbjerg Fyr hat man
eine faszinierende Aussicht
auf die See und das an
dieser Stelle recht hügelige
Land, das hier als End-
moräne der letzten Eiszeit
abrupt zu stehen kam. Nur
wenige Hundert Meter
entfernt liegt das Dörfchen
Ferring, das vor allem
durch den Maler Jens
Søndergård (1895–1957)
bekannt wurde.

Linke Seite:
Die Spitze Kontinentaleuropas ist in Grenen erreicht. Jedes Schiff, das in die Ostsee hinein oder heraus will und nicht den Weg durch den deutschen Nord-Ostsee-Kanal nimmt, kommt hier gut sichtbar vorbei.

Der Turm der versandeten St. Laurentius-Kirche, der noch gut zur Hälfte aus dem Erdboden hervorschaut, gilt als Wahrzeichen Skagens. Die um 1350 erbaute damals größte Kirche der Region Vendsyssel konnte mit dem Einsetzen des Sandtreibens nur noch mit Mühen erreicht werden – wer zum Gottesdienst wollte, musste schaufeln.

Bis zu 20 Meter pro Jahr »schafft« die 800 Meter mal zwei Kilometer große Wanderdüne Råbjerg Mile in West-Ost-Richtung. Die Hälfte ihres Weges zwischen den beiden Küsten Skagens hat sie schon erreicht.

Bornholm– Außenposten Dänemarks

Hätten sich seine Bewohner im Jahr 1658 nicht erfolgreich gegen die neuen schwedischen Herren gewehrt, dann würde heute die blaugelbe Fahne über Bornholm wehen. Die durch die aufrührerische Heldentat erwirkte permanente Schutzgarantie durch den dänischen König erwies sich bis in die Gegenwart als oft schwierige Verpflichtung, fühlen sich die Bornholmer doch selbst heute noch manchmal als ein vom Mutterland benachteiligter Appendix. Dabei ist der mit Abstand östlichste Außenposten Dänemarks unglaublich populär: Wie keine zweite der rund 500 Inseln des Landes genießt Bornholm den Ruf, Refugium und Ferienidylle zu sein. Da macht es auch nichts, dass die Kreidefelsen von Møn als Dänemarks nächstgelegene Landmarke 135, Rügen nur 90 und Schwedens Südküste sogar nur 40 Kilometer entfernt sind. Im Gegenteil – durch die zentrale Lage in der mittleren Ostsee gehört Bornholm als einziger Teil Dänemarks zum fennoskandinavischen Urgesteinsmassiv.

Prachtvoller Zeuge des geologischen Kuriosums ist die mächtige Felsenküste im Norden Bornholms, die eher an Norwegens Norden als an das Land erinnert, in dem Milch und Honig fließen. Doch wer in die Gärten und Innenhöfe von Gudhjem, Svaneke und den anderen Städtchen schaut, wird eines Besseren belehrt: Im Schutz der gemütlichen Fachwerkhäuser verstecken sich Weinstöcke, Maulbeer- und Feigenbäume und bestätigen die statistisch belegte Aussage der Meteorologen, dass Bornholm die Region Dänemarks ist, die sich der meisten Sonnenstunden erfreuen kann. Und deshalb so unglaublich reich ist an den satten Farben der Natur: Dem Tiefgrün des verwunschenen Almindingen, des drittgrößten zusammenhängenden Waldgebiets Dänemarks, das zu ausgedehnten Wanderungen und Radtouren durch die Inselmitte einlädt. Dem gleißenden Weiß der Strände rings um Dueodde im Süden, deren feiner Sand sogar für Sanduhren Verwendung findet. Und immer wieder dem Blau der Ostsee, deren Launen den Rhythmus des Insellebens bestimmen.

Seite 124/125:
Dicht an dicht drängen sich die Häuser von Gudhjem an die steile Felsküste im Nordosten Bornholms. Ihr leuchtendes Gelb und Rot steht in wunderbarem Kontrast zum Blau und Grau der Ostsee. Eine eindrucksvolle Dokumentation des Farbenspiels sind die Arbeiten des Malers Oluf Høst, dessen Nachlass im gleichnamigen Museum Gudhjems zu sehen ist.

Die Rundkirche von Østerlars gilt als die schönste ihrer Art. Insgesamt vier dieser ungewöhnlichen Sakralbauten, deren älteste Teile aus dem 12. Jahrhundert stammen, verteilen sich auf die Insel. Das Gewölbe ihrer Kirchenschiffe wird von einem Mittelpfeiler getragen.

Die Bornholmer Rundkirchen wurden alle aus dem Granit der Insel erbaut. Ihre Nebengebäude, hier der frei stehende Glockenturm der Rundkirche von Nylars, entstanden zu einem späteren Zeitpunkt und sind meist einfach gemauert.

Rechte Seite:
Die ein wenig zwiebelförmige Turmspitze ist das augenfälligste Merkmal der Kirche von Nexø, die Mitte des 15. Jahrhunderts entstand und Nikolaus dem Heiligen, dem Schutzpatron der Seefahrer, geweiht wurde. Das Kirchengebäude wurde Anfang Mai 1945 beim Bombardement der Stadt durch sowjetische Flugzeuge in Mitleidenschaft gezogen.

Oben:
Heute ist der Melstedgård, der 1950 als erster Bauernhof Dänemarks überhaupt unter Denkmalschutz gestellt wurde, ein »lebendes Landwirtschaftsmuseum«. Das reetgedeckte Geviert aus Fachwerk entspricht in seiner Gestaltung bis ins kleinste Detail einem typischen Bornholmer Hof.

Rechts:
Es gibt sie noch, die Veteranen der Straße, die aufgrund der hohen Besteuerung von Neuwagen lange Zeit zum Straßenbild des Landes gehört haben. Auf einer relativ kleinen Insel wie Bornholm steigt die Lebenserwartung eines Fahrzeugs natürlich immens an.

Oben:
Rund 14 500 Einwohner
zählt die Hafenstadt
Rønne, von der aus die
Fährschiffe im Linien-
verkehr nach Kopenhagen,
Ystad, Sassnitz und
Swinousczje ablegen.
Trotz des Bombardements
der Stadt durch sowjetische
Flugzeuge im Mai 1945
sind weite Teile der Alt-
stadt – einem quickleben-
digen Freilichtmuseum
ähnlich – erhalten.

Links:
Die Räucherei von Gudhjem
bietet traditionell ein
»Fischessen satt« an:
Für einen überschaubaren
Festpreis kann der Gast
soviel an Geräuchertem
und Mariniertem ver-
speisen, wie er zu leisten
vermag.

Oben:
Der Sand am Strand von Dueodde ist so fein, dass er weltweit in Sanduhren Verwendung findet. Die weitläufige Dünenlandschaft an der Südostecke Bornholms steht in krassem Gegensatz zur Felsenküste im Norden.

Rechts:
Der kleine aber feine Strand von Sandvig-Allinge ist während der Sommermonate stark bevölkert, denn rund die Hälfte aller Hotelbetten der Insel befindet sich hier im Norden. Dennoch hat die Stadt nichts von ihrem Charme verloren, geht es doch eher beschaulich zu. Hotelburgen und schrille Unterhaltungstempel sucht man auf Bornholm ohnehin vergebens.

130

Links:
Eine Quelle, deren Wasser heilende Kräfte zugeschrieben wurden, gab den Helligdomsklippen ihren Namen. Die schroffe, wild zerklüftete Felsenküste erstreckt sich zwischen Tejn und Gudhjem und lässt sich über einen abwechslungsreichen Fußweg erwandern.

Unten:
Weithin sichtbar zeugt die Ruine der Festung Hammershus von der strategischen Bedeutung Bornholms und der wechselvollen Geschichte der Insel. Um 1250 im Auftrag des Erzbischofs von Lund gebaut, stand die Burg wiederholte Male im Mittelpunkt zahlreicher Belagerungen.

Die Überfischung der Ostsee hat auch auf Bornholm deutliche Spuren hinterlassen: Von ehemals 280 Kuttern sind nur noch 170 übrig geblieben, zahlreiche große Fangschiffe wurden ausgemustert. Der Fisch verarbeitenden Industrie geht es weitaus besser, da vor allem Fischer aus den baltischen und osteuropäischen Ländern ihre Fänge in Nexø anlanden.

Nur ein kleiner Nothafen schützt die Fischerbötchen in Helligpeder. Die kleine Fischersiedlung besteht nur aus wenigen Häusern und wirkt ein wenig wie eine Puppenstube.

Die beiden großen Hotels am Hafen, ehemals wohlhabende Kaufmannshöfe, täuschen: Gerade mal 1200 Einwohner zählt die gemütliche Hafenstadt Svaneke, die damit die kleinste Stadt Dänemarks ist. Von Industrialisierung und Brandkatastrophen lange verschont, macht die bis zu 300 Jahre alte malerische Bebauung Svanekes auf den Besucher einen nachhaltigen Eindruck.

REGISTER

Skagen
Hirtshals
Ålbæk
Hjørring
Sindal
Frederikshavn
Løkken
Vrå
Sæby
Brønderslev
Dybvad
Eyrum
Læsø
Voergård
Aabybro
Aså
Fjerritslev
Nørre-
sundby
Aalborg
Hals
Nibe
Løgstør
Dokkedal
Støvring
Trend
Års
Øster Hurup
Visborggård
Hadsund
Ålestrup
Hobro
Møldrup
Mariager
Skals
Ørum
Støvringgård
Viborg
Randers
Fjellerup
Meilgård
Fussingø
Avlsgård
Auning
Djursland
Grenaa
Bjerringbro
Clausholm
Hadsten
Rosenholm
Ans
Rønde
Silkeborg
Frijsenborg
Rugård
Pårup
Århus
Mols
Ebeltoft
DÄNEMARK
Gilleleje
Hornbæk
Rye
Moesgård
Tisvildeleje
Helsingør
Helsingborg
/Jütland
Skanderborg
Hundested
Frederiks-
værk
Humlebæk
Brædstrup
Odder
Nykøbing
Sjælland
Jægerspris
Hillerød
Rungsted
Hov
Frederiks-
sund
Holte
Horsens
Samsø
Sejerø
Ise-
fjord
Lyngby
Kolby
Asnæs
Skibby
Selsø
Herlev
Løveparkvej
Hedensted
Endelave
Dragsholm
KØBENHAVN
Jelling
Juelsminde
Kalundborg
Holbæk
Taastrup
(KOPENHAGEN)
Vejle
Jyderup
Roskilde
Tårnby
ngelsholm
Torbenfeld
Greve
Malmö
Fredericia
Bogense
Gørlev
Dragør
Gådstrup
Kolding
Gyldensteen
Solrød
Middelfart
Sjælland/Seeland
Blomsterpark
Munkebo
Kerteminde
Ringsted
Køge
Køge Bugt
Aarup
Sorø
Christiansø
feld
Odense
Slagelse
Hårlev
Gjørslev
Haderslev
Fyn/Fünen
Nyborg
Korsør
Fuglebjerg
Haslev
Fakse
Rødvig
Hammershus
Allinge
ns
Assens
Broby
Ringe
Skælskør
Hasle
Arø
Storebæltbro
Gudhjem
Brahe-
trolleborg
Kværndrup
Hø steinborg
Næstved
Fakse Bugt
Rønne
Svaneke
Lille Bælt
Broholm
Karrebæks-
Sparresholm
Nexø
abenraa
Nordborg
Bøjden
Faaborg
Agersø
minde
Præstø
Als
Augusten-
Tåsinge
Svendborg
Omø
Smålands-
Møn
Bornholm
lev
borg
Lange-
farvandet
Bogø
Gråsten
Sønderborg
land
Vordingborg
Stege
Broager
Ærøs-
Rud-
Svends Høj
Fejø
Nørre
Marienborg
købing
købing
Safari Park
Alslev
Stubbe-
rg
Marstal
Nakskov
Saks-
købing
Nykøbing
Ærø
Maribo
Lolland
Falster
Rødby
Lungholm
Nysted
TSCHLAND
Gedser
Rügen

SCHWEDEN

Göteborg

Kattegat

Anholt

Store Bælt

Øresund

Ostsee

135

Mit dem warmen Ton des Ziegelsteins und dem reetgedeckten Dach erinnert das Friesenhäuschen in Møgeltønder an die gute alte Zeit.

Impressum

Buchgestaltung
hoyerdesign grafik gmbh, Freiburg
www.hoyerdesign.de

Karte
Fischer Kartografie, Aichach

Bildnachweis
Alle Bilder von Tina und Horst Herzig mit Ausnahme von:
Wikimedia Commons: S. 33 oben und unten: Julian
Herzog, www.julianherzog.com (Lizenz cc-by-sa/4.0);
S. 41 oben: Paul Bischof (Lizenz cc-by-sa/3.0).

Printed in Germany
Repro: Artilitho, Lavis-Trento, Italien – www.artilitho.com
Druck und Verarbeitung: StieberDruck GmbH,
Lauda-Königshofen, Germany – www.stieberdruck.de
© 6. Auflage 2017 Verlagshaus Würzburg GmbH & Co. KG
© Fotos: Tina und Horst Herzig
© Text: Reinhard Ilg

ISBN 978-3-8003-4067-5

Unser gesamtes Programm finden Sie unter:
www.verlagshaus.com